6,844

REQUESTES

A NOSSEIGNEURS DE PARLEMENT

EN LA TROISIE'ME CHAMBRE DES ENQUESTES,

Sur les demandes en reſtitution de Titres & en Proviſion, formées par le Sieur Marquis de Goeſbriand Pere,

Contre le Sieur Louis-Vincent de Goeſbriand ſon Fils,

Appointées à mettre par Arreſt de la Cour du 7 Avril dernier, au Raport de Monſieur Duport.

A NOSSEIGNEURS
DE PARLEMENT
EN LA TROISIEME CHAMBRE DES ENQUESTES.

UPPLIE humblement Yves de Goesbriant, Chevalier, Marquis du même lieu, cy-devant Ecuyer du feu Roy Louis XIV, Gouverneur du Château du Thoro en Bretagne, Maréchal des Camps & Armées du Roy. Disant : Qu'en l'Instance pendante en la Cour au Rapport de Monsieur Duport, entre le Suppliant & le Sieur Louis-Vincent de Goesbriant son fils, appointée en Droit & joint à une autre Instance par Arrest du 22 Juin 1693. Il a établi en premier lieu, que la demande portée par la Requeste du sieur Marquis de Goesbriant fils, du 4 du même mois de Juin, est sans aucun fondement; il a fait voir en second lieu, qu'il est Creancier de son fils de sommes considerables, & il en a formé les differentes demandes qui ont esté reglées & jointes.

C'est dans ces circonstances que le Suppliant dépoüillé de ses Charges, de son Gouvernement, de ses Titres, de tous ses biens, s'est trouvé dans la dure necessité de donner une Requeste contre son fils le 17 Mars dernier, par laquelle il a demandé d'un côté, la restitution de ses Titres; de l'autre, une provision alimentaire de 25000 liv. La Cour a appointé les Parties à mettre sur cette Requeste par Arrest du 7 Avril dernier.

Pour mettre la Cour en état de prononcer sur les deux Chefs de demande du Suppliant, il paroist necessaire d'expliquer quelques faits principaux, on tâchera de le faire le plus sommairement qu'il sera possible; il sera facile d'établir ensuite les Moyens qui servent de fondement à ces deux differens Chefs de demande.

FAIT.

Le Suppliant en l'année 1657, épousa Dame Françoise-Gabrielle de Kerquesay.

Elle étoit fille aînée, heritiere principale & noble du feu Sieur de Kerquesay, & de Dame Gabrielle Duparc de Loemaria ses pere & mere.

Le Suppliant & la Dame son épouse joüissoient de plus de 55000 liv. de rente, ils possedoient des Terres considerables; la Terre de Goesbriant, la Noeverte, de Treguivin, de Crenas, de Coatcoaser, de Kergrech & plusieurs autres.

Le Suppliant étoit revêtu de la Charge d'Ecuyer du feu Roy Louis XIV, il avoit le Gouvernement du Château du Thoro, dont les appointemens sont de 10000 liv.

La Dame de Goesbriant son épouse avoit encore une créance considerable sur la maison de Loemaria; la Dame Duparc de Loemaria sa meré, n'avoit point touché la portion qui luy étoit dûë dans les successions mobiliaires & immobiliaires du sieur Louis Duparc & de Dame Françoise de Coatedrez ses pere & mere.

L'Action en partage pour raison de ses deux successions avoit esté intentée dès l'année 1627, les interests & revenus se montoient déja à des sommes considerables.

Pendant le cours du mariage du Suppliant, la Dame de Goesbriant a continué les poursuites necessaires pour parvenir à ce partage; mais inutilement. La maison de Loemaria s'est

A

6,844

perpetuée dans la joüiſſance des biens de ces ſucceſſions. C'eſt ce qui fait le ſujet des con-teſtations principales pendantes en la Cour au Rapport de Monſieur Duport, elles durent depuis 1627, c'eſt-à-dire depuis près d'un ſiecle.

La Dame de Goeſbriant eſt décédée en 1681. Ses enfans, c'eſt-à dire le Sieur Marquis de Goeſbriant fils & Damoiſelle Françoiſe-Gabrielle de Goeſbriant, ont renoncé à la com-munauté, & ſe ſont portez heritiers de la Dame leur mere, ils ont en cette qualité repris l'Inſtance pendante en la Cour contre la maiſon de Loemaria.

Le Suppliant eſt auſſi Partie dans cette Inſtance, ſon intereſt eſt tres-conſiderable & en même temps bien ſenſible. En effet, au moyen de la renonciation de ſes enfans à la com-munauté, tous les revenus & arrerages des biens dûs par la maiſon de Loemaria luy appar-tiennent & font partie de ſa communauté. Ce fait n'eſt conteſté par aucune des Parties. Il y eſt auſſi intereſſé comme heritier mobilier de ſes enfans.

De ſon mariage avec la Dame de Kerqueſay, il a eu cinq garçons & quatre filles. De ces neuf enfans, il n'en reſte que deux, le ſieur Louis Vincent de Goeſbriant & la De-moiſelle Françoiſe-Gabrielle de Goeſbriant. Il y a auſſi des enfans du ſieur Comte de Goeſ-briant fils puîné du Suppliant.

René de Goeſbriant étoit l'aîné. Le Suppliant qui n'a jamais rien épargné pour l'avantage de ſes enfans, luy avoit acheté le Regiment Royal des Cravattes, qui luy avoit coûté près de 80000 liv. ſans compter les frais & les dépenſes de ſes équipages pour le mettre en cam-pagne.

Ce fils aîné eſt decedé en l'année 1685 au Château de la Noëverte, le ſieur Louis-Vincent de Goeſbriant, qui par cette mort eſt devenu l'aîné de la famille, pendant l'abſence du Sup-pliant, qui étoit en Cour, s'eſt emparé de tous les effets mobiliers de ſon frere, ils ſe mon-toient à plus de 40000 liv. Cette ſucceſſion mobiliaire appartient cependant au Suppliant ſuivant le Droit commun, & la diſpoſition préciſe de la Coutume de Bretagne qui regit les Parties.

Le Suppliant n'avoit pas moins fait pour le ſieur Louis Vincent de Goeſbriant ſon ſecond fils, que pour ſon fils aîné. Il luy avoit fait avoir le Regiment de Berry Infanterie, & luy avoit fait obtenir la ſurvivance de ſa Charge d'Ecuyer du feu Roy.

Cependant ſur la demande que le Suppliant forma contre luy en qualité de Garde naturel de ſes enfans pour l'obliger à payer la legitime qu'il devoit à ſes freres & ſœurs, & à reſtituer la ſucceſſion mobiliaire de ſon frere aîné, il ſe tranſporta au Château principal de la feuë Dame ſa mere, s'empara de tous les autres effets mobiliers qui reſtoient, de tous les titres & papiers de la famille. Du nombre de ces effets étoit une biblioteque conſiderable du ſieur de Kergommar pere de la Dame de Goeſbriant épouſe du Suppliant; en un mot, il y avoit plus de 60000 liv. d'effets.

Ce procedé donna lieu à pluſieurs demandes de la part du Suppliant. Elles ſont détaillées dans une Sentence interlocutoire de la Juriſdiction de Guingamp du 12 Avril 1688. Voicy qu'elles ſont ces demandes.

1°. La ſomme de 80000 liv. pour le Regiment des Crayattes que le Suppliant avoit ache-té pour ſon fils aîné.

2°. Que le ſieur de Goeſbriant fils fût tenu d'avoüer ou conteſter les faits de recellez & divertiſſemens articulez par la Requeſte; ſçavoir, de deux bourſes de Jettons appartenantes au feu ſieur René de Goeſbriant ſon frere; l'une, de 275, & l'autre, de 75 louis d'or, de 12000 liv. d'argent comptant, de 6000 liv. de billets, de tous les meubles, habits & vaiſ-ſelle d'argent.

3°. D'avoüer ou conteſter le fait articulé de l'enfoncement du cabinet que le Suppliant avoit au Château du Guermorvan, de l'enlevement de ſes papiers, actes, rentiers, quittan-ces, argent monnoyé, en cas de conteſtation, permiſſion de faire informer.

4°. Rendre & reſtituer tous les meubles étant dans le Château du Guermorvan, la Biblio-teque & generalement tout ce qui peut tenir nature de meubles, comme biens dépendans de la communauté à laquelle il avoit renoncé.

Ces pourſuites furent portées dans la ſuite au Parlement de Bretagne; mais elles furent arreſtées peu de temps après.

C'eſt en cet endroit qu'il eſt neceſſaire d'expliquer à la Cour une partie des malheurs ar-rivez au Suppliant, ils ont ſuſpendu le cours de ces procedures.

Le Suppliant avoit un Procés pendant au Parlement de Rennes contre le ſieur de Trevi-gny, qui luy devoit un droit de rachat.

On s'inſcrivit en faux contre quelques pieces produites. Le Suppliant declara qu'il ne vouloit s'en ſervir qu'aux riſques, perils & fortunes de ceux qui les luy avoient données. Une pareille declaration sembloit devoir le mettre entierement à couvert, ces pieces n'étoient point de son fait. Cependant il fut decreté en 1692.

Les services qu'il devoit pour lors à l'Etat dans son Gouvernement situé sur la mer à l'embouchure de la riviere de Morlaix, pour empêcher les entreprises des Anglois & des Hollandois, dont les Vaisseaux estoient continuellement sur les côtes, l'empêcherent de pouvoir se representer.

Ceux qui avoient dessein de perdre le Suppliant, profiterent de l'impossibilité où il étoit de se representer par rapport aux services qu'il devoit à l'Etat dans son Gouvernement, & il y eut un Arrest par coutumace le 4 Avril 1693, qui le condamna d'avoir la tête tranchée.

Cet Arrest ne fut point executé par effigie ni signifié. Le Suppliant se pourvut en cassation, ses moyens étoient invincibles, on avoit violé toutes les regles établies par les Ordonnances: Il n'est pas icy question d'examiner ces moyens de cassation, il suffit seulement d'observer qu'il presenta sa Requeste en cassation, & se remit la même année que l'Arrest avoit été rendu dans les prisons de Fontainebleau à la suite du Conseil pour purger la coutumace.

C'est dans cet état que quelques personnes zélées en apparence pour ses interests, sous le faux prétexte de luy conserver l'honneur & la vie, obtinrent du feu Roy une Lettre de cachet, en vertu de laquelle il fut arresté prisonnier le 27 Mars 1695, & conduit au Donjon du Château de Vincennes.

Le 2 Avril suivant, à la faveur d'une saisie que l'on avoit fait faire pour 90 livres seulement de loyers qui étoient dûs pour la maison que le Suppliant occupoit à Paris, le Sr de Goesbriant fils, se fit remettre tous les papiers qui estoint restez entre les mains de son pere, sans en faire même aucune description. On produira le Procès verbal qui en a esté dressé par un Commissaire du Châtelet.

Le Suppliant a depuis esté transferé au Château de Caën, en celui d'Angers, & enfin à Pierre-en-Cise, d'où il n'est sorti qu'à l'avenement du Roy à la Couronne; la Demoiselle de Goesbriant a obtenu la liberté de son pere, de la bonté & de la justice de Monsieur le Regent.

Pendant la détention du Suppliant, qui a duré 22 ans, cinq de ses enfans sont decedez sans posterité, à l'exception du sieur Comte de Goesbriant son quatriéme fils, qui a laissé des enfans de son mariage avec la Dame de Kerdolas.

Le sieur Louis-Vincent de Goesbriant, comme aîné de la famille, a eu la liberté de s'emparer de tous leurs effets mobiliers pendant la détention du Suppliant; il a même obtenu du feu Roy le Gouvernement du Château du Thoro, sur la promesse qu'il fit au Roy de le rendre à son pere après qu'il se seroit justifié.

Après le decès de Charles-Jean de Goesbriant, on fit une Inventaire au mois de Septembre 1709, des Titres & des papiers trouvez après son decès au Château de Kerdolas.

Le Suppliant luy avoit donné des ordres précis de prendre tous les Titres & papiers que le Suppliant avoit au Château de la Noeverte & ailleurs, c'est ce qui fait que cet Inventaire se trouve composé d'un nombre infini de Titres & d'Obligations appartenans au Suppliant.

Le sieur de Goesbriant fils a esté saisi de tous ces Titres & papiers par un Procès verbal du 19 Octobre 1711.

Il y a dans cet Inventaire plus de 50 Contracts de constitution au profit du Suppliant, un nombre considerable d'Obligations & de Cedules.

Il y a des rentiers des terres & des rentes dûes dans l'Evêché de Leon & Cornoüailles, dont le sieur de Goesbriant fils a toujours joüi depuis la détention de son pere.

Il y a des transports, des subrogations, des baux à ferme, des titres de créances considerables, des transactions portant obligation, des dons de droits de rachats & lods & ventes accordez par le Roy au Suppliant, des aveux, des declarations, des quittances. Il y a même un billet du sieur de Goesbriant au profit du Suppliant, on a affecté de ne point marquer ce qu'il porte, on s'est contenté d'énoncer dans l'Inventaire, que c'est un billet de reconnoissance au profit du Suppliant, signé Louis-Vincent de Goesbriant.

Le sieur de Goesbriant fils a esté saisi de toutes ces pieces au nombre de plus de 3000, sans compter celles qui ont esté recellées sur les Inventaires que l'on a trouvés.

Il est donc certain que le sieur de Goesbriant fils a esté maître de tous les biens du Suppliant pendant sa détention, il en a tous les Titres. Le sieur de Goesbriant pere, ne joüit actuellement d'aucuns biens: tel est l'état malheureux où il est réduit.

Depuis qu'il a recouvré sa liberté, il a pris communication de l'Instance principale entre la famille de Loemaria & celle de Goesbriant. Par l'examen qu'il en a fait, il a trouvé que le sieur de Goesbriant son fils a donné une Requeste en la Cour le 4 Juin 1693, par laquelle il a demandé que les sommes qui pouvoient estre dûes au Suppliant pour les arrerages, droits & revenus de la créance de la maison de Loemaria, qui doivent tomber dans sa communauté, luy fuſſent délivrez par privilege & préférence à tous Creanciers ſur & rant moins des ſommes qu'il prétend luy eſtre dûës par le Suppliant. Il fait monter ces créances par cette Requeſte à 394168 livres.

La Cour eſt ſuppliée de faire attention à la datte de cette Requeſte, elle eſt du 4 Juin 1693, deux mois après l'Arreſt rendu par coutumace contre le Suppliant, dans le temps qu'il eſtoit à la ſuite du Conſeil pour faire ceſſer la coutumace. C'eſt dans ce temps que le ſieur Louis-Vincent de Goeſbriant donne cette Requeſte contre le Suppliant; C'eſt dans ce temps qu'il a fait prononcer un appointement en Droit & joint, par un Arreſt du 22 du même mois de Juin, lorſque le Suppliant n'étoit pas en état de ſe défendre.

Il y a encore un fait important à obſerver par rapport à cette Requeſte du 4 Juin 1693. Me Hallé Procureur en la Cour occupoit dans ce temps-là pour le Suppliant; c'eſt un fait certain & qui ne peut eſtre conteſté. Me Roullier eſtoit Procureur des ſieurs de Loemaria.

Cette Requeſte eſt ſignée de Hallé comme Procureur du ſieur de Goeſbriant fils, & elle n'a jamais eſté ſignifiée qu'à Me Roullier Procureur des ſieurs de Loemaria.

Cependant dans l'appointement que l'on a pris ſur cette Requeſte, le Suppliant y eſt en qualité de Défendeur, tant en ſon nom à cauſe de la communauté, que comme Tuteur de ſes enfans mineurs; en ſorte que l'on voit que M. Hallé eſtoit Procureur du Demandeur & du Défendeur. La Cour entend s'il y a jamais eu procedure plus irreguliere & plus monſtrueuſe.

Le Suppliant a examiné les cauſes de cette demande du ſieur de Goeſbriant fils.

Il prétend que le Suppliant ayant alienié les biens de la Dame ſa femme, & l'ayant engagé dans des dettes conſiderables; il a eſté obligé, ſuivant la diſpoſition de la Coutume de Bretagne, nonobſtant ſa renonciation à la communauté, de payer toutes les dettes de cette même communauté, dans leſquelles la Dame ſa mere avoit parlé, ſauf ſon recours contre le Suppliant. Il fait monter ces prétenduës créances par cette Requeſte à 394168. liv.

Cependant par la communication que le Suppliant a priſe de la production du ſieur ſon fils, faite en execution de l'Arreſt du 22 Juin 1693, il n'a trouvé aucunes pieces juſtificatives de ſes prétenduës créances, aucunes quittances; en un mot, aucun Acte qui juſtifie qu'il ait rien payé des dettes de cette même communauté.

C'eſt dans ces circonſtances que le Suppliant a fourni de défenſes contre la Requeſte du ſieur Louis-Vincent de Goeſbriaht du 4 Juin 1693. Ses défenſes eſtoient promptes, puiſqu'il n'a produit aucunes pieces juſtificatives. Il a fait voir en même temps que bien loin d'eſtre Debiteur du ſieur de Goeſbriant fils, il eſtoit au contraire ſon Creancier de ſommes conſiderables.

1º. D'une ſomme de 80000 liv. pour le Regiment des Cravattes qu'il avoit acheté pour ſon fils aîné.

2º. De la ſucceſſion mobiliaire de René-Vincent de Goeſbriant, dont le ſieur de Goeſbriant fils s'eſt emparé, & pour laquelle le Suppliant s'eſt reſtraint à une ſomme de 40000 livres.

3º. Le Suppliant eſtoit Gouverneur du Château du Thoro, il avoit acheté ce Gouvernement. Le ſieur de Goeſbriant fils en joüit depuis 26 ans. Ce Gouvernement a 10000 livres d'appointemens.

4º. Le Suppliant eſtoit encore pourvû de la Charge d'Ecuyer du feu Roy; le ſieur de Goeſbriant fils en a diſpoſé pendant la dérention de ſon pere.

5º. Lorſque le Suppliant a eſté arreſté priſonnier, ſon fils s'eſt emparé de tous les meubles qu'il avoit tant à Paris, que dans la Province, dans ſes Maiſons & Châteaux.

6º. Enfin, le Suppliant a pluſieurs rentes dans l'étenduë de l'Evèché de Leon, montant à des ſommes conſiderables; pluſieurs rentes conſtituées ſur differens particuliers. Le ſieur de Goeſbriant fils en joüit depuis 23 ans; en un mot, il eſt en poſſeſſion de tous les biens du Suppliant.

Toutes ces demandes ont eſté formées par deux Requeſtes: Elles ont eſté reglées & jointes.

C'eſt dans cet état que le Suppliant a preſenté ſa Requeſte le 18 Mars dernier, ſur laquelle la Cour a appointé à mettre; par Arreſt du 7 du preſent mois d'Avril. Cette Requeſte contient deux Chefs.

Par le premier, le Suppliant a demandé que dans huitaine pour toutes préfixions & délay, le ſieur de Goeſbriant fils fûof tenu de luy rendre & reſtituer tous les Titres, papiers, quittances, pieces, procedures & enſeignemens dont il s'eſt emparé; ſçavoir, ceux qui eſtoient dans le Château du Guermorvan lors du decès du ſieur René de Goeſbriant fils aîné, ceux qui eſtoient dans le Château de Kerdolas lors du decès du ſieur Comte de Goeſbriant, &

ceux

ceux qui eftoient tant au Château du Thoro & de la Noeverte, que dans la Maifon du Suppliant en cette Ville de Paris, & ès mains de fes Procureurs & Gens d'Affaires, à la reftitution defquelles pieces, ledit fieur de Goefbriaut fils fera contraint par toutes voyes dûes &
raifonnables.

Par le fecond Chef, le Suppliant a demandé une Provifion alimentaire contre fon fils de
la fomme de 25000 liv.

Ces deux Chefs de demande font également bien fondez.

MOYENS.

A l'égard du premier Chef, il fuffiroit d'obferver deux faits également certains.

Le premier, que lors du decés de René de Goefbriant fils aîné, arrivé en 1685. le Suppliant eftoit à Paris ; le fieur Louis Vincent de Goefbriant au contraire eftoit fur les lieux,
& a efté maiftre par confequent de s'emparer de tous les Titres & de tous les effets, ce qui
donna lieu aux differentes demandes que le Suppliant forma en la Jurifdiction de Guingamp,
pour raifon des recellez & divertiffemens faits par le fieur de Goefbriant fils.

Un fecond fait, qui n'eft que trop veritable, eft que Suppliant a efté prifonnier pendant
22 années. Le fieur de Goefbriant fils, a efté, comme aîné, maiftre pendant tout ce temps
de tous les Titres & de tous les papiers de la famille ; en un mot, il s'eft mis en poffeffion
de toutes les Terres & Châteaux du Suppliant, & eft par confequent pareillement en poffeffion de tous les effets & de tous les Titres qui y eftoient ; il n'en faudroit pas davantage pour
établir le premier Chef de demande.

Mais le Supp'iant va plus loin & rapporte des preuves litterales qui juftifient que fon fils
eft faifi de tous fes Titres.

1°. Le Suppliant fut arrefté prifonnier le 27 Mars 1695 ; le 2 Avril fuivant on fit dreffer
un Procés verbal par un Commiffaire du Châtelet, des Titres & papiers qui eftoient reftez
entre les mains du Suppliant, dans une maifon qu'il occupoit dans cette Ville de Paris. Le
fieur de Goefbriant fils, a efté faifi de tous ces papiers par ce Procés verbal, on n'en a fait
aucune defcription ; le Procés verbal porte feulement que les pieces ont efté paraphées par
premiere & derniere, ce qui eft contre toutes les regles : Il y avoit des Obligations, des
Promeffes, des Quittances, on devoit faire la defcription de toutes ces pieces ; quoyqu'il
en foit, le fieur de Goesbriant fils en eft faifi, il ne peut fe difpenfer de les rendre.

2°. Après le decés du fieur Charles-Jean de Goesbriant, on fit un Inventaire au mois de
Septembre 1709, des Titres & papiers trouvez après fon decés au Château de Kerdolas.
Cet Inventaire eft compofé de plus de trois mille pieces appartenantes au Suppliant. Il y a
des Contracts de conftitutions, des Obligations, des Promeffes, des Tranfactions, des
Aveux & Declarations, des Quittances. Le fieur de Goesbriant fils a efté faifi de toutes ces
pieces par un Procés verbal du 19 Octobre 1711.

Le Suppliant eftoit pour lors dans les fers ; il ne pouvoit fe plaindre de ce qu'on le dé-
poüilloit ainfi de tous fes Titres : Aujourd'huy qu'il a recouvré fa liberté, il les redemande au
fieur fon fils, il en eft faifi, on en rapporte des preuves inconteftables ; il eft donc fans difficulté qu'il doit eftre condamné de les rendre & reftituer.

Par rapport au fecond Chef de la Requefte du Suppliant, qui regarde la demande en Provifion.

1°. Ce qu'on vient d'obferver fuffiroit pour l'établir. En effet, dés le moment qu'il eft
certain que le fieur de Goesbriant fils eft en poffeffion de tous les Titres du Suppliant, qu'il
joüit par confequent de tous fes biens, que le Suppliant de fon côté ne joüit d'aucune chofe ;
faut-il d'autre titre ? faut-il d'autre qualité pour demander une provifion ?

2°. Le Suppliant eft creancier de fon fils de fommes confiderables ; il en a formé toutes
les demandes, elles font reglées & jointes ; quoiqu'il ne foit pas icy queftion dans l'Inftance
appointée à mettre, de juger de ces differentes demandes, on ne laiffera pas de faire quelques obfervations à la Cour par rapport à ces créances.

1°. Il eft certain que le Suppliant eft heritier mobilier de fes enfans ; c'eft le Droit commun, c'eft la difpofition précife de la Coutume de Bretagne. Cinq de fes enfans font decedez fans pofterité pendant fa détention, une de fes filles s'eft faite Religieufe, la fucceffion
mobiliaire de ces fix enfans appartient au Suppliant. Le partage qui leur eftoit dû par le fieur
Louis-Vincent de Goesbriant de la fucceffion de leur mere, n'eft point encore jugé ; ainfi
indépendamment de tous les effets mobiliers qu'ils pouvoient avoir, tous les arrerages & tous
les revenus qui leur eftoient dûs lors de leur decés, font tombez dans la fucceffion mobiliaire qui appartient au Suppliant. Le fieur Louis-Vincent de Goesbriant, comme aîné & heri-

tier immobilier, est en possession de tous les Titres & de tous les biens de la mere ; il faut donc qu'il rende compte à son pere de toutes ces successions mobiliaires. Sans entrer dans un plus grand détail, puisqu'il n'en est pas icy question, la Cour voit que le Suppliant a une qualité & un droit certain contre le sieur Louis-Vincent de Goesbriant.

2°. Il est constant que le Suppliant avoit des meubles considerables dans ces differens Châteaux, & même dans le Château du Thoro, dont il estoit Gouverneur : Le sieur son fils s'est mis en possession de tout d'abord que le Suppliant a esté arresté prisonnier. Il n'y a cependant aucun droit ; il a renoncé à la communauté, & au moyen de cette renonciation, tous les meubles dépendans de la communauté appartiennent en entier au Suppliant.

3°. Le sieur de Goesbriant fils a disposé de la Charge d'Ecuyer du Roy, dont le Suppliant estoit revêtu.

4°. Le sieur de Goesbriant fils joüit du Gouvernement du Château du Thoro, que le Suppliant avoit acquis ; ce Gouvernement a 10000 liv. d'appointemens, il en joüit depuis 26 années.

5°. Le sieur de Goesbriant joüit encore de toutes les rentes que le Suppliant a dans l'Evêché de Leon & Cornoüailles, de plusieurs rentes constituées, dont il a tous les Titres. Il a même exigé des debiteurs du Suppliant, des créances considerables.

6°. Enfin, non seulement le sieur de Goesbriant fils joüit de tous les biens du Suppliant, mais il empêche même qu'il ne puisse toucher ce qui luy est dû par la maison de Loemaria. Il a fait une saisie, & a demandé par cette Requeste du 4 Juin 1693, que les sommes qui pourroient revenir au Suppliant luy fussent adjugées, en déduction de ses prétenduës créances : Par-là il met le Suppliant hors d'état de trouver aucun secours par les Provisions qu'il pourroit demander contre la maison de Loemaria, en attendant le Jugement de l'Instance principale.

De toutes ces observations, il resulte que le Suppliant est constamment creancier du sieur Goesbriant son fils, qui est en possession de tous ses biens & de tous ses Titres : Voilà quels sont les Moyens sur lesquels la demande en Provision est appuyée. On peut dire avec confiance, que jamais il n'y en eut de plus favorable ni de mieux fondée.

Le Suppliant âgé de plus de 80 ans, accablé des infirmitez qu'entraîne après soy un âge aussi avancé & une prison de 22 années, n'a joüi d'aucuns biens depuis sa détention ; il n'est pas possible qu'il n'ait contracté plusieurs dettes ; il s'est même obligé de payer les pensions de la Demoiselle de Goesbriant sa fille, elle n'a aucuns biens ; le partage qui luy est dû des biens de sa mere, n'est point encore jugée. Elle estoit prête de sortir de la Communauté dans laquelle elle vit depuis plusieurs années, faute de pouvoir payer ses pensions. Le Suppliant qui a toujours eu pour tous ses enfans toute la tendresse & tous les sentimens que la nature inspire, s'est obligé de payer les pensions de la Demoiselle sa fille. Les Superieures de cette Communauté ont bien voulu se contenter de son Obligation ; sans cela il auroit encore eu la douleur de voir sa fille dans la derniere misere, sans estre en état de la secourir. C'est dans ces circonstances que le Suppliant dépoüillé de tous ses biens, entierement hors d'état de pouvoir subsister, ayant même esté obligé de mettre en gage une partie de ses habits pour avoir de quoy se nourrir, a recours à la justice de la Cour, & demande d'un côté, la restitution de ses Titres, pour être en état de rentrer dans ses biens ; & de l'autre, une Provision alimentaire, non seulement pour vivre suivant sa qualité, mais pour acquitter les dettes qu'il a contractées pendant une si longue détention, & pour être en estat de faire juger deux Procés considerables ; l'un, contre la maison de Loemaria ; l'autre, contre les Nominateurs de sa Tutelle, qui est actuellement pendant en la Quatriéme Chambre des Enquestes, & contre lesquels il a obtenu une Sentence en 1682, qui luy adjuge 975000 liv. en principal & interests.

Il s'agit à present de répondre aux Objections que l'on a faites lors de la Plaidoirie de la Cause ; on tâchera de les réduire le plus sommairement qu'il sera possible.

Objections par rapport à la restitution des Titres.

Aprés les preuves invincibles que l'on a rapportées, que le sieur de Goesbriant fils étoit en possession des Titres & des papiers du Suppliant, il ne paroissoit pas qu'il fût possible de deffendre à la demande en restitution de ces mêmes Titres. Aussi l'on s'est contenté de dire en general, que ces papiers étoient si peu importans qu'on ne jugea pas qu'ils meritassent d'en faire une description, que ces papiers étoient en petit nombre, que le sieur de Goesbriant fils, en qualité d'heritier immobilier, doit être saisi de tous les Titres ; enfin, on a ajoûté que la plus grande partie de ces papiers étoient entre les mains des heritiers de Me Hallé, Procureur.

Pour répondre à toutes ces allégations sans preuve, la Cour est suppliée de se souvenir que le Suppliant a esté prisonnier pendant 22 années, & que le sieur de Goesbriant son fils a esté maître absolu pendant ce temps de tous les Titres de la famille.

2°. Il n'y a qu'à lire le Procés verbal du 2 Avril 1695, par lequel le sieur de Goesbriant fils a esté chargé des pieces qui se sont trouvées dans la maison qu'occupoit le Suppliant dans cette ville de Paris; on ne s'arrêtera point à la forme irréguliere de ce Procés verbal, de n'avoir fait aucune description des pieces; on a voulu couvrir ce deffaut en disant, qu'elles étoient de peu de consequence. Mais en rapporte-t-on la moindre preuve? Il suffit que le sieur de Goesbriant fils ait esté chargé comme dépositaire des Titres & papiers du Suppliant. Le Procés verbal porte qu'il y en a quatre liasses contenant 87 pieces, qu'elles ont esté paraphées par premiere & derniere; le sieur de Goesbriant n'a aucun prétexte pour se dispenser de les rendre, & la demande en restitution est par consequent bien fondée, & ne peut souffrir la moindre difficulté.

3°. Quand il seroit vray que le nombre des pieces ne fût pas considerable, le sieur de Goesbriant est-il moins obligé de les rendre? Ce moyen n'étoit pas proposable.

4°. Mais pour faire voir que le nombre des pieces dont le sieur de Goesbriant est en possession étoit tres considerable, la Cour est suppliée de faire lecture de l'Inventaire fait à Kerdolas aprés le decés du sieur Charles-Jean de Goesbriant, elle verra qu'il y a plus de trois mille pieces appartenantes au Suppliant, dont le sieur de Goesbriant fils a esté saisi par un Procés verbal du 19 Octobre 1711.

5°. La qualité du sieur de Goesbriant, d'heritier immobilier de la Dame sa mere & de ses freres, peut luy donner un droit d'avoir les Titres qui regardent ces successions immobiliaires: Mais quel avantage peut-il en tirer par rapport à la question presente? Est-il en droit de retenir les papiers qui appartiennent personnellement au Suppliant? Ces Contracts de constitution qui sont énoncez dans cet Inventaire fait à Kerdolas, ces Obligations, ces Quittances, ces Transactions, ne sont-ce pas des Titres personnels du Suppliant? Il n'a donc aucune raison, aucun prétexte pour les retenir?

6°. C'est une illusion de dire que ces pieces sont entre les mains des heritiers de Maistre Hallé: Premierement, rien ne l'empêche de les retirer, un Procureur ne peut jamais retenir des Titres sous quelque prétexte que ce soit. En second lieu, il n'a pas dû disposer de pieces qui ne luy appartenoient pas. Dés le moment qu'il est prouvé qu'il en est saisi, qu'il en est même chargé comme Dépositaire, il n'a pas dû s'en défaisir; & supposons pour un moment qu'il ait remis une partie de ces pieces à Mᶜ Hallé, il doit s'imputer de l'avoir fait, & le Suppliant n'est pas moins en droit d'en demander aujourd'huy la restitution.

Objections par rapport à la demande en Provision.

On peut réduire tout ce qu'on a proposé en plaidant contre la demande en Provision, à trois Objections principales.

La premiere, est qu'il faut une qualité pour demander une Provision, que le Suppliant n'en a aucune, qu'il n'est ni Partie saisie, ni Creancier privilegié, que ses créances ne sont que des prétentions qui ne luy donnent pas une qualité suffisante pour demander une Provision.

Réponse. Quand le Suppliant n'auroit d'autre qualité que celle de pere, elle suffiroit pour demander des alimens à son fils; est-il une qualité plus favorable que celle d'un pere dépouillé de tous ses biens, qui demande de quoy subsister à son fils qui est en possession de tous ses Titres & de tous ses biens.

En second lieu, le Suppliant est constamment heritier mobilier de ses enfans, on ne le conteste pas; le sieur de Goesbriant fils joüit de tous les biens de la famille, il doit rendre à son pere toutes ces successions mobilieres: Voilà donc une qualité bien certaine qui met le Suppliant en droit de demander une provision indépendamment des circonstances particulieres.

La seconde objection du sieur de Goesbriant fils, est qu'il se prétend créancier du Suppliant de sommes considerables. Il soutient que son pere a dissipé non seulement ses propres biens, mais encore ceux de la Dame son épouse, qu'il l'a engagé dans plusieurs dettes, que le sieur de Goesbriant fils a esté obligé de payer, & qu'il s'est fait subroger aux droits des créanciers: on fait monter ces créances à plus d'un million.

Réponse. Le Suppliant a eu l'honneur d'observer à la Cour dans le fait, que le sieur de Goesbriant son fils le 4 Juin 1693. a donné une Requeste, par laquelle il a demandé que toutes les sommes qui pourroient estre dûes au Suppliant par la Maison de Loemaria luy

fuſſent adjugées, en déduction de ſes prétenduës créances. On a fait voir en même tems la procedure monſtrueuſe & irreguliere que l'on a tenu en cette occaſion, que cette Requeſte étoit
ſignée de Mᶜ Hallé comme Procureur du ſieur de Goesbriant fils, que Mᶜ Hallé eſtoit pour lors
le Procureur du Suppliant, que cette Requête n'a eſté ſignifiée qu'à Mᶜ Roullier Procureur des
Sʳˢ de Locmaria, qu'on n'a pas laiſſé de mettre le Supliant en qualité de Défendeur dans l'Arreſt
d'appointement que l'on a pris ſur cette Requeſte, en ſorte que Mᶜ Hallé eſtoit Procureur du
Demandeur & du Défendeur. Le Sʳ de Goesbriant fils, ne fait monter ſes prétenduës créances
par cette Requeſte de 1693. qu'à la ſomme de 394168 livres; il prétend luy-même qu'il s'eſt
fait colloquer depuis ſur le prix des Terres du Suppliant qui ont eſté venduës; cependant
bien loin que ces créances ayent diminué, on les fait monter aujourd'hui à plus d'un million.
Mais quel Titre, quel preuve rapporte-t-on pour établir cette créance immenſe? Depuis que
le ſieur de Goesbriant fils a donné cette Requeſte en 1693. il n'a produit aucun Titre, il
n'a communiqué aucune piece juſtificative.

On a parlé lors de la plaidoirie de la Cauſe, d'une Sentence de l'année 1698. & d'un
Arreſt d'Ordre du 17 Mars 1701. qui a colloqué le ſieur de Goesbriant fils pour ſes prétenduës créances. Cette Sentence eſt le ſeul Titre du ſieur de Goesbriant, & la Cour va voir
que jamais il n'y en eut de plus abſolument nul.

1°. Le Suppliant a eſté arrſté priſonnier dès le 27 Mars 1695, & c'eſt en 1698. qu'on
prétend avoir obtenu cette Sentence de condamnation contre lui, dans le temps qu'il eſtoit
dans les fers, & qu'il n'eſtoit pas en état de ſe défendre.

2°. C'eſt une Sentence par défaut qui n'a jamais eſté ſignifiée au Suppliant, & dont il n'a
jamais eu connoiſſance. On prétend qu'elle a eſté ſignifiée au dernier domicile du Suppliant
en cette ville de Paris, ruë de Vaugirard: Mais la maiſon que le Suppliant occupoit en cette
ville de Paris, n'eſtoit pas ſon veritable domicile, ce n'eſtoit qu'un domicile paſſager. Son
veritable domicile eſtoit en Bretagne, le ſieur de Goesbriant fils a-t-il pû l'ignorer? Igno-
roit-il auſſi que le Suppliant eſtoit priſonnier? S'il avoit voulu luy donner connoiſſance de
cette Sentence, il devoit luy faire ſignifier, comme il eſt des regles, dans les priſons où il
eſtoit. Mais on vouloit ôter au Suppliant tous les moyens de ſe défendre; on avoit commencé par donner contre luy une Requeſte en 1693. on s'eſtoit ſervi de Mᶜ Hallé qui eſtoit
en même temps Procureur du Demandeur & du Défendeur, on n'a pas voulu démentir une
procedure auſſi irreguliere: On attend que le Suppliant ſoit arreſté priſonnier, pour lors on
obtient contre luy une Sentence par défaut; on fait prononcer telles condamnations qu'on
juge à propos, rien n'eſtoit plus aiſé, on ne luy donne pas connoiſſance de cette Sentence;
la ſignification qu'on prétend avoir eſté faite, eſt abſolument nulle. Quand elle auroit eſté
ſignifiée dans les regles au Suppliant, il proteſte d'en appeller. Cette Sentence ne peut donc
ſervir de Titre au ſieur de Goesbriant fils, c'eſt cependant le ſeul que l'on rapporte; on ne
prétend pas avoir obtenu d'autres condamnations, c'eſt le ſeul Titre qui a pû ſervir de fondement au ſieur de Goesbriant fils, pour ſe faire colloquer dans l'Arreſt d'Ordre de 1704.
dans le temps que le Suppliant eſtoit dans les fers, qu'il n'avoit pas même de Procureur en
Cauſe. Toutes ces collocations tombent donc & s'évanoüiſſent, dès le moment que le Titre que l'on rapporte ne peut ſubſiſter.

Lorſque le Suppliant ſera en état de ſe défendre, que le ſieur de Goesbriant fils luy aura
remis tous ſes Titres, il ne ſera pas difficile de faire voir que le Suppliant a payé preſque
toutes les ſommes, pour leſquelles le ſieur de Goesbriant fils prétend s'eſtre fait ſubroger
par les créanciers qu'il a payé.

Mais s'il eſtoit queſtion d'examiner ici ces prétenduës créances du ſieur de Goesbriant,
il ſeroit aiſé dès à preſent de les détruire.

En effet, le ſieur de Goesbriant fils prétend que le Suppliant a aliené la Terre de Kervel &
du Meinguével, appartenant à la Dame ſon épouſe, qui valoient 60000 livres, qu'il a vendu auſſi des bois, des foreſts, faiſant partie des propres de la Dame de Goesbriant; il dit
qu'on en a vendu pour 200000 livres, il fait monter ces alienations avec les intereſts à 7 ou
huit cent mille livres. Suppoſons, pour un moment, que ces biens ayent eſté alienez pendant la communauté, la Cour va voir que cette créance immenſe ſe réduiroit à trés-peu de
choſe.

La Dame de Goesbriant eſt décedée en 1681. la Cour eſt ſuppliée d'obſerver que c'étoit
René de Goesbriant qui eſtoit pour lors l'aîné des enfans du Suppliant; en cette qualité, il
avoit les deux tiers dans la ſucceſſion de ſa mere. Le ſieur Loüis-Vincent de Goesbriant de
même que les autres cadets n'avoit qu'un vingt-quatriéme dans cette ſucceſſion: c'eſt la
diſpoſition de la Coûtume de Bretagne, cela n'eſt point conteſté. Cela poſé, René de Goesbriant comme aîné avoit une action contre le Suppliant ſon pere, pour le remploi des
propres que l'on ſuppoſe avoir eſté alienez; il avoit les deux tiers, mais de quelle nature
eſtoit cette action? Nulle ſtipulation par le Contract de mariage que l'action de remploi
ſeroit

roit immobiliere, cette action eſtoit donc conſtamment mobiliere : *actio ad mobile cen-ſetur mobilis.* On ne rapportera point le ſentiment unanime des Auteurs qui ont tous décidé, que cette action eſtoit mobiliere, & qui ont rapporté un grand nombre d'Arreſts qui l'ont jugé de cette maniere, c'eſt une maxime trop certaine pour avoir beſoin d'eſtre appuyée par des autoritez.

Aprés le decès du Sʳ René de Goesbriant aîné, le Suppliant s'eſt trouvé ſon heritier mobilier; il a trouvé dans ſa ſucceſſion cette action mobiliere, il s'en eſt fait une confuſion en ſa perſonne, elle s'eſt éteinte; il en eſt de même des autres enfans du Suppliant qui avoient chacun un vingt-quatriéme dans la ſucceſſion de leur mere, & qui ſont decedez. Le Suppliant eſt leur heritier mobilier, il a confondu & éteint de la même maniere la part qu'ils avoient dans cette action pour le remploi des propres alienez : voilà donc cette créance immenſe du ſieur Loüis-Vincent de Goesbriant qui s'évanoüit, même en ſuppoſant toutes ces prétenduës alienations que l'on n'a point encore juſtifié ; il faut donc écarter toutes ces créances du ſieur de Goesbriant fils, juſqu'à preſent il n'a communiqué aucun Titre valable.

La troiſiéme objection du ſieur de Goesbriant fils regarde les créances que le Suppliant a contre luy, il prétend qu'elles n'ont aucun fondement.

Quoiqu'il ne s'agiſſe pas dans l'Inſtance appointée à mettre, de prononcer ſur les differentes créances du Suppliant, dont il a formé les demandes qui ſont appointées, on ne laiſſera pas de répondre ſommairement à ce que l'on a oppoſé.

1°. Par rapport à la ſucceſſion mobiliere de René de Goesbriant fils aîné du Suppliant, on a fait une hiſtoire telle qu'on a jugé à propos ; on a dit que cet aîné avoit fait un Teſtament, par lequel il avoit nommé le ſieur Loüis-Vincent de Goesbriant pour ſon Executeur teſtamentaire, que le Pere Gardien des Capucins de Morlaix étoit ſaiſi de tous les effets, qu'il les a délivré aux Legataires, que cela s'eſt paſſé en preſence de pluſieurs perſonnes, que l'on a dreſſé un Acte par lequel on a remis la ſomme de 600 livres qui reſtoit, entre les mains du Suppliant.

Réponſe. On ne rapporte aucune preuve de tous ces faits, on ne rapporte point cet Acte prétendu, par lequel on dit avoir remis la ſomme de 600 liv. entre les mains du Suppliant, il n'en faudroit pas davantage pour détruire tout ce que l'on a avancé à cet égard.

2°. Il eſt conſtant & le ſieur de Goesbriant fils n'en diſconviendra pas, que lors du decès de René de Goesbriant, le Suppliant eſtoit à Paris, le ſieur de Goesbriant fils eſtoit ſur les lieux, il a eſté maître de tous les effets, il ne peut ſe diſpenſer d'en rendre compte au Suppliant comme heritier mobilier ; il eſtoit dû des revenus & des arrerages conſiderables à René de Goesbriant, qui comme aîné avoit les deux tiers dans les biens de la mere, & n'avoit point encore donné de partage à tous ſes cadets : Tous ces revenus & arrerages que l'on appelle, reſtants, en Bretagne, font partie de la ſucceſſion mobiliere qui appartient au Suppliant, & l'augmentent conſiderablement indépendamment de tous les autres efftes mobiliers. Il en eſt de même des ſucceſſions mobilieres des autres enfans du Suppliant, tous les arrerages qui leur eſtoient dûs lors de leur decès appartiennent au Suppliant. Le ſieur de Goesbriant fils, comme aîné, joüit de tous les biens de la mere, il n'a rendu aucun compte au Suppliant de toutes ces ſucceſſions : voilà donc une créance bien certaine contre le ſieur de Goesbriant.

A l'égard du chef de demande qui concerne les appointemens du Chateau de Thoro, le ſieur de Goesbriant fils prétend que le Suppliant n'a aucune action contre luy, c'eſt ce qui s'examinera dans l'Inſtance appointée en droit & joint : on verra ſous quelles conditions & de quelle maniere il a obtenu ce Gouvernement, & s'il eſtoit impétrable ; mais il demeure toûjours pour certain qu'il en joüit depuis 26 années, que le Suppliant l'avoit acquis, & par conſequent que le ſieur de Goesbriant a profité depuis 26 années des appointemens qui ſont attachez à ce Gouvernement.

On a ajoûté que le Suppliant avoit emprunté de l'argent pour faire l'acquiſition de ce Gouvernement, qu'il n'a payé ni principal ni intereſts, & que le ſieur de Goesbriant fils a eſté obligé de payer en ſon acquit plus de 200000 liv. au ſieur Comte de Rieux.

1°. On ne juſtifie aucun de tous ces faits.

2°. Le Suppliant ſoutient qu'il a payé tout ce qu'il devoit pour l'acquiſition de ce Gouvernement, ou du moins la plus grande partie. Quand le ſieur de Goesbriant fils rapporteroit aujourd'hui des ſubrogations, ce ne pourroit eſtre que des Actes colluſoires, puiſque le Suppliant a payé ce qu'il avoit emprunté pour ce Gouvernement.

Le ſieur de Goesbriant fils eſt en poſſeſſion de toutes les quittances & de tous les Titres du Suppliant, on en rapporte même une preuve litterale par l'Inventaire de 1709. fait à Kerdolas. La Cour eſt ſuppliée d'examiner cet Inventaire, elle y trouvera un nombre con-

C

fiderable de quittances des fieurs de Monluc & de la Julianaye , qui font reprefentées par le fieur Comte de Rieux , des Tranfactions , des Actes de précompte : le fieur de Goesbriant fils eft en poffeffion de toutes ces pieces , il en a efté faifi par le Procés verbal du 19 Octobre 1711. il faut donc qu'il commence par les reftituer , & aprés cela il ne fera pas difficile de détruire toutes ces prétenduës créances.

Le Suppliant a formé un autre chef de demande pour la Charge d'Ecuyer du feu Roy dont il eftoit revêtu , & dont le fieur fon fils a difpofé pendant fa détention : on a répondu que le Suppliant s'eft démis purement & fimplement en faveur du fieur fon fils , qu'ainfi il en a difpofé comme de chofes à luy appartenantes.

Cette prétenduë démiffion eft de l'année 1706. dans le temps que le Suppliant eftoit dans les fers , dans le temps que rien ne coute dans l'efperance de recouvrer fa liberté ; il a même revoqué cette démiffion dans la fuite , voyant que la parole qu'on luy avoit donné de luy rendre fa liberté , eftoit fans execution. La Cour entend fi une démiffion de cette qualité peut eftre valable , & fi le fieur de Goesbriant fils peut s'en prévaloir.

Il prétend encore , fans cependant en rapporter de preuve , qu'il a payé au fieur Baron de Trefiguidy la fomme de 12000 livres de principal , & 45000 livres d'interefts que le Suppliant devoit pour cette Charge.

Le Suppliant foutient que le fieur René de Goesbriant fon fils aîné s'eftoit accommodé avec le fieur Baron de Trefiguidy , par rapport à cette Charge dès l'année 1685. René de Goesbriant eftoit heritier de la Dame de Trefiguidy fa tante ; en cette qualité il avoit des droits à exercer contre le fieur Baron de Trefiguidy , c'eft ce qui a donné lieu à une Tranfaction, parlaquelle le fieurBaron deTrefiguidy a abandonné ce qui luy eftoit dû pour laCharge d'Ecuyer. Quoique le Suppliant ne foit pas en état de reprefenter l'Acte qui a efté paffé avec le Sr Baron de Trefiguidy, puifque le fieur de Goesbriant fils eft faifi de tous les Titres; il produira cependant deux Lettres qui juftifient l'accommodement qui a efté fait avec le fieur de Trefiguidy , il y en a une du fieur Loüis-Vincent de Goesbriant luy-même écrite au Suppliant , par laquelle il luy marque précifément que le fieur de Trefiguidy s'eft accommodé avec René de Goesbriant fon frere , qu'il a cedé la Charge d'Ecuyer de la petite Ecurie , & qu'ils fe font quittez reciproquement de tous les droits qu'ils avoient à prétendre l'un contre l'autre.

Enfin le Suppliant a encore formé une demande contre fon fils concernant les Rentes düës dans l'Evêche de Leon & Cornouailles , & plufieurs autres Rentes conftituées fur divers Particuliers de la Province de Bretagne. Cette demande eft fondée fur ce que le fieur de Goesbriant fils eft en poffeffion de tous les Titres qui regardent ces Rentes : Il n'y a qu'à lire l'Inventaire fait à Kerdolas en 1709. pour en être convaincu : Il eft certain en même tems qu'il en a joüi depuis la détention du Suppliant.

Pour deffendre à cette demande , on a commencé par dire qu'on ne fçavoit ce que c'étoit que ces Rentes ; cependant la verité s'eft fait jour , malgré le fieur de Goesbriant fils; on eft convenu en plaidant qu'il en joüiffoit , & qu'elles fervoient à payer une Penfion de 1500 livres au Suppliant : Il eft donc vray , de l'aveu même du fieur de Goesbriant fils qu'il eft en poffeffion de ces Rentes.

Par confequent la demande que l'on a formée pour la reftitution des arrerages & des revenus depuis vingt-trois années qu'il en joüit , eft bien fondée.

Par rapport à cette Penfion de 1500 livres , la Cour eft Suppliée de faire quelques obfervations.

1o. Le fieur de Goesbriant fils ne peut plus faire paffer cette Penfion de 1500 livres , qu'il a payé à fon Pere , comme une pure liberalité: Il avouë qu'il joüit des Rentes appartenantes au Suppliant qui fervent à la payer.

2o. Cette fomme de 1500 livres eft-elle proportionnée à fa qualité , & aux extrêmes befoins du Suppliant ? Le fieur de Goesbriant fils joüit d'une fortune confiderable ; il joüit de plus de 150000 livres de rentes : Le Suppliant au contraire âgé de plus 80 ans n'a joüi d'aucuns biens depuis fa détention , il a contracté neceffairement plufieurs dettes , il s'eft même obligé de payer les penfions de la Demoifelle fa Fille qui n'a aucuns biens , & dont le partage des biens de fa mere n'eft point encore jugé. On a dit à cet égard , que ce partage étoit jugé par un Arreft du Parlement de Bretagne du 15 Janvier 1707. ce fait n'eft point veritable : Il eft vray que par cet Arreft on a confirmé quelques Ordonnances, & le partage qui avoit efté fait ; mais l'Arreft ajoûte, fauf revuë aux termes de la Coûtume, & à fournir leurs récharges s'ils voyent l'avoir à faire dans la Jurifdiction de Guimgaump, où l'Arreft renvoye les Parties proceder , enfemble fur toutes les autres demande refpectives. On a même recommencé la revûë du prifage , en execution de cet Arreft contradictoire-

ment rendu avec le Sieur Goesbriant Fils; mais ce prisage a esté interrompu par le decès du Sr
Charles-Jean de Goesbriant. En un mot, le sieur de Goesbriant fils n'a donné par la designa-
tion de partage qu'il a faite à ses puisnés, que 118 liv. 8 s. 4 den. de rente qu'il a encore chargé
de plus de reservations qu'il n'en faut pour les absorber. C'est ce qui a donné lieu aux demandes en recharge des puisnés qui sont actuellement pendantes en la Jurisdiction de Guimgamp où les Parties ont esté renvoyées. Ces recharges sont considerables, les biens de la
mere montent a plus de 38000 livres de rentes : C'est dans cet état que le Suppliant s'est
obligé de payer les Pensions de la Demoiselle de Goesbriant sa Fille, elle est entierement
hors d'état de pouvoir subsister, elle est reduite dans la derniere misere, pendant que son
frere joüit de tous les biens de la famille.

Pour réduire les moyens du Suppliant, la Cour entend à l'égard de la demande en restitution de Titres qu'elle ne peut souffrir de difficulté. Le sieur Gresbriant fils s'est rendu
maître de tous les Titres & de tous les Papiers du Suppliant pendant sa détention; il a esté
saisi de ceux qui se sont trouvés à Paris par le Procés-verbal du 2 Avril 1695. Par un autre Procés verbal du 19 Octobre 1711. il a esté saisi de ceux qui se sont trouvés à Kerdolas: il y
a plus de 3000 pieces appartenantes au Suppliant, Contrats de constitution, Obligations,
quittances, il ne peut donc se dispenser de les rendre.

Il n'en faudroit pas davantage pour établir sa demande en provision, dés qu'il est prouvé que le sieur de Goesbriant fils est en possession de tous les Titres du Suppliant, il suit ne-
cessairement qu'il joüit de tous ses Biens; il ne faudroit pas d'autre titre ny d'autre qualité
pour demander une provision.

En second lieu, le Suppliant est heritier mobilier de ses Enfans, le sieur de Goesbriant
qui possede tous les Biens de la Famille, n'a rendu aucun compte de ces successions
mobilieres.

Le Suppliant est créancier de son fils de sommes considerables, il a fait voir que les prétenduës créances de son fils ne sont appuyées d'aucuns Titres, le seul dont on ait parlé lors de
la Plaidoirie est une Sentence de l'année 1698. Sentence absolument nulle : Sentence ob-
tenuë dans le tems que le Suppliant étoit dans les fers, qui ne luy a jamais esté signifiée, dont
il n'a jamais eu de connoissance : C'est cependant à la faveur de cette Sentence que non
seulement, il s'est rendu maître de tous les Biens du Suppliant, mais empêche même qu'il
ne puisse toucher ce qui luy est dû par la Maison de Loemaria: il a fait une saisie entre les mains
des sieurs de Loemaria de ce qui pourroit revenir au Supliant; par-là il empêche qu'il ne puisse
demander une provision contre la Famille de Loemaria, par-là il le met hors d'état de
trouver aucun secours; c'est dans de pareilles circonstances que le Suppliant a tout lieu d'es-
perer de la Justice de la Cour, qu'en ordonnant que ses Titres luy seront rendus, elle luy
adjugera une provision de 25000 livres, cette somme n'est point trop considerable,
si d'un côté l'on considere la qualité du Suppliant, ses extrêmes besoins, les dettes qu'il a dû
contracter depuis 23 ans qu'il ne possede aucuns biens, des Procez considerables à soûtenir,
entr'autres contre la Famille de Loemaria, & un autre contre les Nominateurs de sa Tutelle.
Et si d'un autre côté, l'on fait reflexion que c'est un Pere dépoüillé de tous ses biens, qui demande dequoy subsister à un fils qui joüit de plus de 150000 livres de rentes, & qui possede
tous les Biens de la Famille.

Pour justifier ce que le Suppliant a eu l'honneur d'observer par rapport à la demande en
restitution de titres, il produira trois pieces.

La premiere du deuxiéme Avril 1695. & jours suivants, est un Procés verbal fait par un
Commissaire du Châtelet, des papiers qui se sont trouvés dans la maison qu'occupoit le Suppliant à Paris ruë de Vaugirard, par lequel le sieur de Goesbriant fils a été chargé comme depositaire de tous ces papiers que l'on dit composer quatre liasses paraphées par premierre
& derniere. Il paroît encore par la fin de ce Procésverbal que les meubles que le Suppliant
avoit dans cette maison ont été vendus, que le sieur de Goesbriant fils a déchargé de la Haye
Huissier des deniers provenus de la vente de ces meubles sans autre explication; il ne peut se
dispenser de tenir compte de ces meubles.

La deuxiéme du 23 Septembre 1709. est copie collationnée de l'Inventaire fait à
Kerdolas aprés le decès du sieur Charles-Jean de Goesbriant composé de plus de 3000 pieces
appartenantes au Suppliant. Au fol. 10 v°. sont inventoriés trois contrats de constitution
au profit du Suppliant, & vingt autres contrats de constitution au profit de la Dame
Marquise de Goesbriant de la Marziliere son ayeulle, aux fol. 11 & 12 R°. & V°.
plusieurs actes obligatoires, cedules, baux à ferme, transactions au profit du Suppliant,
les fol. 13 V°. 14 & 15. R°. & V°. ne contiennent presque que des Titres & des Actes & des
quittances appartenantes au Suppliant, au fol. 16 R°. sont inventoriées les Rentes des Terres

de Leon, dont joüit le fieur de Goesbriant fils , le même fol. contient plufieurs Contrats de conftitution au profit de la Dame de Goesbriant ayeulle du Suppliant, qui par conféquent luy appartiennent ; il y a auffi au même fol. d'autres Titres appartenants au Suppliant , un nombre de quittances, & de contrats de rentes conftituées. Le memoire des meubles que le Suppliant avoit à Paris , figné du Clofneuf pour lors fon homme d'Affaires, & à prefent celuy du fieur de Goesbriant fils , eft inventorié au fol. 18. R°.

Au même fol. V°. eft inventorié un Billet de reconnoiffance en faveur du Suppliant en datte du deuziéme Juin 1685. pour les caufes y referées, figné, Loüis-Vincent de Goefbriand, on a affecté de ne pas l'expliquer davantage.

Les fol. 19.V°. 20. R°. contiennent plufieurs actes & quittances concernans l'acquifition du Château du Thoro, au fol. 9. R°. & V°. font inventoriées 21 pieces qui juftifient que le fieur de Goesbriant s'eft fait remettre les papiers qui étoient au Château du Thoro, qu'il a fait vendre les meubles qui y étoient , & cela en 1696. aprés que le Suppliant eut été arrefté prifonnier.

On ne fatiguera pas la Cour par l'entier dépouillement de cet Inventaire , elle eft Seulement fupliée d'en faire lecture , & elle verra qu'il eft compofé d'une nombre infini de quittances, d'obligations & d'actes appartenants au Suppliant.

La troifiême du 15 Octobre 1711. & jours fuivans , eft copie collationnée & légalifée du Procés verbal fait à Kerdolas à la requête du fieur Loüis-Vincent de Goesbriant, par lequel Me Bunouf comme fondé de fa Procuration a été faifi de tous les titres & pieces appartenans au Suppliant inventoriés dans ledit Inventaire au mois de Septembre 1709. Au commencement de ce Procès verbal fol. 6 & fuivans , font rapportés les ordres précis que le Suppliant avoit donné à fon fils Charles-Jean de Goesbriant de fe faifir de tous les papiers que le Suppliant avoit à la Noeverte & ailleurs , & de les mettre en lieu de fureté : ce qui prouve l'injuftice du procédé du fieur Loüis-Vincent de Goesbriant d'avoir accufé fon frere d'avoir fouftrait ces Titres & papiers fans ordre ny caractere, & de l'avoir pourfuivi criminellement pour raifon de l'enlévement de ces Titres , dont il ne s'étoit faifi que par les ordres pofitifs du Suppliant.

Et font lefdites Pieces cottées par A.

Pour juftifier que parmi les meubles dépendans de la Communauté appartenants au Suppliant , il avoit une Bibliotheque confiderable qui venoit du fieur de Quergommar pere de la Dame de Goesbriant.

Produit une expedition contenant quatre-vingt rôlles de l'Inventaire de lad. Bibliotheque & des titres du fieur de Kergommar fait pardevant Notaires, le 15. May 1652. figné dudit fieur Kergommar & de deux Nottaires.

Ladite piece cottée par B.

Pour juftifier que le Suppliant dés l'année 1688. forma differentes demandes contre le fieur Loüis-Vincent de Goesbriant fon fils, pour raifon de la fucceffion mobiliere de René de Goesbriant fon fils aîné , de la reftitution des Titres du Suppliant , & de tous les meubles dépendants de la Communauté.

Produit une Sentence de la Jurifdiction de Guimgamp du 12 Avril 1688. où toutes ces demandes font détaillées.

Ladite Piece cottée par C.

Pour juftifier que le Suppliant a un Procés confiderable pendant en la quatriéme Chambre des Enquêtes contre les nominateurs de fa Tutelle , contre lefquels il a obtenu une Sentence en 1682. qui luy a adjugé 975000 liv. en principal & interefts.

Produit ladite Sentence de la Jurifdiction de Guimené du 17 Septembre 1682. cottée par D.

Pour juftifier que la démiffion que le Suppliant donna au fieur Loüis-Vincent de Goesbriant fon fils de fa Charge d'Ecuyer du Roy en l'année 1706 n'avoit efté que dans l'efperance de récouvrer fa liberté fur la parole d'honneur qui luy en avoit efté donné , ce qui n'ayant point efté executé, il revoqua cette démiffion.

Produit une Procuration generale donnée par le Suppliant à la Demoifelle Françoife-Gabrielle de Goesbriant fa fille le 11 Octobre 1713, dans laquelle ce fait eft expliqué, & par laquelle en confequence , il révoque la démiffion qu'il avoit donnée de fa Charge d'Ecuyer.

Ladite piece cottée par E.

Pour juftifier par rapport à cette Charge d'Ecuyer du Roy, que le fieur René de Goefbriant fils aîné du Suppliant, s'étoit accommodé avec le fieur Baron de Trefiguidy qui a abandonné cette Charge pour les alienations qu'il avoit faites des propres de la Dame fon époufe,

époufe, tante du fieur René de Goesbriand & dont il eftoit heritier, ce que le fieur Louis-Vincent de Goesbriand a même écrit au Suppliant.

Produit deux pieces.

La premiere, du 15 May 1685, eft une Lettre miffive écrite par ledit fieur René de Goefbriand au Suppliant, par laquelle il luy marque que l'accommodement avec le fieur de Trefiguidy eft enfin arrêté, qu'il luy laiffe la Charge d'Ecuyer pour les alienations des propres de feuë fa tante, moyennant 1000 livres que ledit fieur René de Goesbriand luy donne, au moyen de quoy ledit fieur de Trefiguidy abandonne encore toutes les prétentions qu'il a dans l'affaire de Meffieurs de Loemaria.

La feconde, du 18 du même mois de May, eft une autre Lettre miffive écrite par le fieur Louis-Vincent de Goesbriand au Suppliant, par laquelle il luy mande la même chofe.

Lefdites pieces cottées par F.

Pour juftifier que le partage qui eft dû aux cadets par le fieur Louis-Vincent de Goesbriand, n'a point efté jugé par l'Arreft du 15 Janvier 1707, qu'au contraire, il n'a confirmé le prifage qui avoit efté fait, qu'à la charge de la revûë, & fauf aux cadets à former leurs demandes en recharge, fur lefquelles & fur les autres demandes les Parties ont efté renvoyées fur les lieux en la Jurifdiction de Guingamp.

Produit la copie du nouveau prifage qui a efté fait en execution d'un Arreft du 15 Janvier 1707, & de la Sentence de la Jurifdiction de Guimgamp du 23 Juillet de la même année, cotté par G.

Pour juftifier de la procedure, produit le Suppliant deux pieces.

La premiere, eft la Requefte qu'il a prefentée à la Cour le 17 Mars dernier, fur laquelle il s'agit de prononcer.

La feconde, du 7 du prefent mois d'Avril, eft l'Arreft de la Cour, qui appointe les Parties à mettre.

CE CONSIDERE', NOSSEIGNEURS, il vous plaife donner Acte au Suppliant, de ce que pour fatisfaire de fa part à l'Arreft de la Cour du 7 du prefent mois d'Avril qui appointe les Parties à mettre, même pour additions de Moyens fur les demandes du Suppliant, il employe le contenu en la prefente Requefte & les pieces produites par icelle : Ce faifant, ordonner que dans huitaine pour toute préfixion & délay, le fieur Louis-Vincent de Goesbriand, fera tenu de rendre & reftituer au Suppliant, tous les Titres, papiers, quittances, pieces & procedures ; fçavoir, ceux qui eftoient dans le Château du Guermorvan, lors du decès du fieur René de Goesbriand fils aîné du Suppliant, ceux qui eftoient dans le Château de Kerdolas, lors de celui du fieur Charles-Jean de Goesbriand, & ceux qui eftoient tant au Château du Thoro & de la Noeverte, que dans la maifon du Suppliant, en cette ville de Paris, & ès mains de fes Procureurs & Gens d'Affaires, à la reftitution defquelles pieces, ledit fieur Louis-Vincent de Goesbriand fera contraint par toutes voyes dûës & raifonnables ; comme auffi ordonner que le Suppliant aura Provifion alimentaire contre ledit fieur Louis-Vincent de Goesbriand fon fils, de la fomme de 25000 liv. au payement de laquelle fomme, il fera contraint par toutes voyes dûës & raifonnables, nonobftant toutes faifies, oppofitions & empêchemens faits ou à faire, & condamner ledit fieur Louis-Vincent de Goesbriand aux dépens. Et vous ferez bien.

Ait Acte au furplus en jugeant. Ce 10 May 1718.

Le 10 May 1718, fignifié à Maiftre Geoffroy Procureur. Signé, ARRÉVILLY.

LE MARQUIS DE GOESBRIAND, Pere.

GEOFFROY.   DUMESNIL, Proc.

A Noffeigneurs de Parlement en la Troifiéme Chambre des Enqueftes.

SUPPLIE humblement YVES DE GOESBRIAND, Marquis du même Lieu, cy-devant Ecuyer du feu Roy LOUIS XIV. Gouverneur du Château du Thoro en Bretagne, Maréchal des Camps & Armées du ROY : DISANT, Qu'en l'Inftance appoin-

D

tée à mettre au Rapport de Monfieur du Port, il a parfaitement établi les deux Chefs de demandes portées par fa Requête du dixiéme May dernier, fur lefquels il s'agit de prononcer. Le premier, eft la reftitution des Titres & Papiers du Suppliant, dont le fieur de Goefbriand fils eft en poffeffion. Le fecond, eft une demande en provifion. Il en a expliqué les Moyens, qu'il eft perfuadé que la Cour trouvera folides. En effet, le fieur de Goefbriand fils eft en poffeffion de tous les Titres, & de tous les biens du Suppliant. A l'égard de la demande en provifion, elle eft inconteftable.

Quand on fuppoferoit pour un moment que le Suppliant n'eût aucunes créances à exercer contre le fieur fon Fils, fa qualité de Pere fuffiroit pour établir fa demande. C'eft un Pere qui demande dequoi vivre à fon Fils, indépendamment des circonftances particulieres qu'on a tâché d'expofer à la Cour le plus fimplement qu'il a été poffible. On ne pourroit refufer des alimens à un Pere dépoüillé de tout, qui les demande à fon Fils qui joüit d'une fortune éclatante.

Le fieur de Goefbriand fils a fenti toute la force de ces Moyens; & comme fon interêt eft d'éloigner le Jugement, il n'a pas encore fatisfait à l'Arreft d'appointé à mettre. Le Suppliant pendant ce temps languit dans la mifere, fans fecours, fans aucune reffource; accablé d'infirmitez: De fon côté, il a mis l'Inftance en état. Le fieur de Goefbriand fils au lieu de produire de fa part, s'eft avifé de donner une Requête le 23 du prefent mois, par laquelle il demande Acte des offres qu'il fait de remettre au Suppliant quatre liaffes de Papiers paraphées par premiere & derniere, dont il a été chargé le 16 Decembre 1695. en lui donnant bonne & valable décharge; après neanmoins qu'il aura été fait des copies collationnées de toutes ces Pieces pardevant tel de Meffieurs qu'il plaira à la Cour commettre, pour être délivrées audit fieur de Goefbriand fils.

Il paroît que dans l'expofé de cette Requête, il voudroit infinuer que les Pieces qu'il offre de rendre font les feules qu'il ait en fa poffeffion, & dont le Suppliant demande la reftitution. Le Suppliant a vû qu'il étoit neceffaire de relever ce Fait qui pourroit faire quelque impreffion, & qui eft contraire à fa demande. En effet, non feulement il demande par fa Requête la reftitution des Pieces dont le fieur de Goefbriand fils a été chargé par le Procès verbal du mois d'Avril 1695. mais il demande encore les Titres qui étoient dans le Château du Guermorvand lors du décès du fieur René de Goefbriand fils aîné du Suppliant; ceux qui étoient dans le Château du Thoro, de la Noeverte; ceux qui fe font trouvez à Kerdolas lors du décès du fieur Comte de Goefbriand; ceux qui étoient entre les mains de fes Gens d'Affaires & Procureurs.

Le Suppliant a obfervé à la Cour dans fa Requête du 10 du prefent mois de May, qu'il a donné des ordres précis au Sr Comte de Goefbriand de prendre les Titres & Papiers que le Suppliant avoit dans fes differens Châteaux, pour les mettre en lieu de feureté. Ce Fils ne pût exécuter les ordres de fon Pere qu'en partie: Il avoit fait mettre la plus grande partie des Titres & Papiers dans une Gabare, pour les faire tranfporter en lieu de feureté. Le Sr Marquis de Goefbriand fils fit arrêter cette Barque comme elle paffoit au pied du Château du Thoro, & s'empara des Papiers; c'eft un Fait dont il ne difconviendra pas, & qu'il a lui-même articulé dans les procedures qu'il a faites à ce fujet contre le fieur fon Frere, qui n'agiffoit que par les ordres du Suppliant. Le fieur Comte de Goefbriand ne pût donc faire tranfporter au Château de Kerdolas qu'une partie des Titres du Suppliant: cependant par l'inventaire qui a été fait après fon décès, & qui eft produit en l'Inftance, il y plus de trois mille Pieces appartenantes au Suppliant, qui font des Contracts, des Conftitutions, des Obligations, des Quittances, des Livres de marques, où toutes fes affaires paffives & actives étoient portées, & autres Pieces. Le fieur Marquis de Goefbriand fils eft faifi de toutes ces Pieces par un Procès verbal: Il eft encore en poffeffion de celles qui étoient dans la Gabare qu'il a fait arrêter, & generalement de toutes celles qui étoient dans les differens Châteaux du Suppliant. C'eft de toutes ces Pieces, & autres, dont on demande la reftitution. Les offres du fieur Marquis de Goefbriand fils font donc illufoires.

Il ajoûte, que ces Pieces dont il a été chargé par le Procès verbal du mois d'Avril 1695 étoient fi peu importantes, qu'on n'en a fait aucune defcription: Que le Suppliant a affecté de fuppofer, qu'il y avoit des Contracts & des Obligations: Qu'il a heureufement recouvré ces Pieces, qui ne font de nulle confequence: Qu'il a interêt que ce Fait demeure pour conftant, parce qu'il découvre le menfonge & la fuppofition du fieur fon Pere.

Le Suppliant eft fâché que ces termes foient échapez au fieur fon Fils; c'eft avec douleur qu'il voit que fon Fils n'héfite point à faire paroître, même aux yeux de la Cour, le peu de ménagement qu'il a pour fon Pere: s'il manque à ce qu'il lui doit, le Suppliant l'aime affez pour fouhaiter que le Public n'en foit pas inftruit.

Le fieur de Goefbriand père a foûtenu & foûtient encore, que parmi les Papiers qu'il a laiffez dans fa maifon ruë de Vaugirard, il y avoit des Obligations & des Quittances ; peut-être ne s'y trouveront-elles plus. Après que le Suppliant a eu le malheur d'être arrêté prifonnier, le fieur fon Fils a été le maître de faire ce qu'il a jugé à propos ; l'irrégularité même du Procès verbal de n'avoir fait aucune defcription des Pieces, le rend abfolument fufpect : quoi qu'il en foit, il n'eft pas plus en droit de les retenir.

Le fieur de Goefbriand fils demande, qu'il foit fait des copies collationnées des Pieces qu'il offre de rendre. Mais fi ces Pieces font fi peu importantes, quel interêt a-t-il d'en avoir des copies collationnées ? D'ailleurs, a-t-on jamais propofé qu'un Particulier qui reconnoît avoir des papiers appartenants à un autre, foit en droit d'en demander des copies collationnées ? Le motif que le fieur de Goefbriant fils allegue, qu'il pourroit être recherché par les Créanciers de fon Pere, eft un prétexte frivole. Peut-il être inquieté pour avoir rendu des Pieces dont il eft chargé, comme dépofitaire, à celui à qui elles appartiennent ? A-t-il quelque oppofitiou entre fes mains de la part des Créanciers ? Seroient-ils en droit de le faire ? Quelle eft donc la raifon du fieur de Goefbriant fils ? Elle n'eft pas difficile à appercevoir. Son unique but eft d'éloigner ; il croit y réüffir par-là. Mais le Suppliant efpere que la Cour n'autorifera pas ce procedé ; elle ne permettra pas que le Suppliant foit plus long-temps dans une fituation auffi fâcheufe, dépoüillé de fes Titres & de fes biens, hors d'état de pouvoir fe défendre & de fubfifter.

CE CONSIDERE', NOSSEIGNEURS, Il vous plaife donner Acte au Suppliant, de ce que pour Défenfes à la Requête du fieur de Goefbriand fils fignifiée le 23 du prefent mois, il employe le contenu en ladite prefente Requête : Lui donner pareillement Acte des offres faites par ledit fieur de Goefbriand de rendre & reftituer au Suppliant les Pieces dont il a été chargé par le Procès verbal du mois d'Avril 1695. Ce faifant, fans s'arrêter au furplus de la Requête dudit fieur Louis-Vincent de Goefbriand, dont il fera débouté, adjuger au Suppliant les fins & conclufions par lui prifes en l'Inftance d'appointé à mettre d'entre les Parties pendante au Rapport de Monfieur du Port Confeiller : Et augmentant aux fufdites couclufions au chef de la provifion alimentaire de 25000 livres, fans préjudice du droit des Parties au principal, adjuger au Suppliant ladite provifion alimentaire de 25000 livres contre ledit fieur Louis-Vincent de Goefbriand fils, tant comme fon créancier, qu'en la qualité du Suppliant de Pere dudit fieur Lous-Vincent de Goefbriand, avec dépens. ET VOUS FEREZ BIEN.

Ait Acte, & au furplus en jugeant l'appointé à mettre. FAIT en Parlement, le vingt-huitiéme May mil fept cent dix-huit.

Le vingt-huitiéme May mil fept cent dix-huit, fignifié & baillé copie à Maître Geoffroy Procureur. Et figné, PROTAST.

LE MARQUIS DE GOESBRIAND, Pere.

GEOFFROY, Procureur.   DUMESNIL, Procureur.

A Noffeigneurs de Parlement en la Troifieme Chambre des Enquêtes.

SUPPLIE humblement YVES DE GOESBRIAND, Chevalier, Marquis du même lieu, cy-devant Ecuyer du feu Roy Louis XIV, Gouverneur du Château du Thoro en Bretagne, Maréchal des Camps & Armées du Roy, Seigneur de la Noeverte & autres lieux. DISANT: Que le fieur de Goesbriand fon fils, a différé autant qu'il luy a efté poffible, de mettre en état de fa part, l'Inftance appointée à mettre, au Rapport de Monfieur Duport, par Arreft du 7 Avril dernier, dans le deffein de fatiguer le Suppliant, qui languit depuis nombre d'années, privé de tous les fecours les plus neceffaires à la vie. Mais enfin, le fieur de Goesbriand fils, voyant qu'on eftoit prêt de juger par forclufion, a fait fignifier le 31 May dernier fon Inventaire de production.

Le Suppliant peut dire avec confiance, que les pieces que le Deffendeur a produites par cet Inventaire, & les differens faits qu'il a hazardez, ne détruifent en aucune façon les

Moyens fur lefquels le Suppliant a appuyé les deux Chefs de demande portez par fa Requête du 17 Mars dernier, & qu'il a expliquez dans celle du 30 May fuivant, employée pour
écritures & productions, en execution de l'Arreft du 7 Avril précedent.

Cependant comme le fieur de Goesbriand fils a produit plufieurs pieces defquelles il a tiré
de fauffes inductions, dont quelques-unes pourroient paroiftre fpecieufes, que d'ailleurs il
a avancé plufieurs faits qui attaquent l'honneur & la réputation du Suppliant; il a crû qu'il
eftoit neceffaire d'y répondre fommairement: Il le fera en réduifant autant qu'il fera poffible, les prétendus Moyens répandus dans l'Inventaire de production de fon fils.

La Cour eft tres-humblement fuppliée de faire une premiere obfervation fur les nouvelles
Conclufions prifes par le fieur de Goesbriand fils. Il demande en premier lieu, Acte des offres qu'il fait, de remettre au Suppliant les quatre liaffes de papiers dont il a efté chargé par
le Procès verbal du 16 Decembre 1695, trouvées fous le fcellé appofé dans la petite maifon
qu'occupoit le Suppliant dans cette ville de Paris, rüe de Vaugirard, en luy en donnant bonne & valable décharge. Il demande en fecond lieu Acte de ce qu'il offre de communiquer
au Suppliant, fous le recepiffé de fon Procureur, les pieces qui le concernent, faifant partie de celles inventoriées à Kerdolas.

Le Suppliant a déja répondu à la premiere partie de ces Conclufions par fa Requête du 28
May dernier. Il répondra dans la fuite à la feconde partie, qui regarde les offres de communiquer les pieces inventoriées à Kerdolas : Il fera voir que cette communication eft abfolument illufoire. Il fupplie feulement la Cour quant à prefent, d'obferver que le fieur de
Goesbriand fils reconnoît luy-même qu'il eft en poffeffion des Titres du Suppliant, tant de
ceux inventoriez à Paris, que de ceux inventoriez à Kerdolas; la confequence qui en réful-
te neceffairement, eft qu'il doit être condamné de les reftituer, & qu'il n'y a aucun prétexte qui puiffe l'en difpenfer, dès le moment qu'il fe trouve forcé de convenir qu'il en eft
faifi.

Le fieur de Goesbriand fils renferme fa deffenfe dans trois faits principaux, qu'il prétend
être décififs.

Le premier, qu'il n'a point d'autres Titres ni pieces appartenantes au Suppliant, que celles qu'il offre de rendre & de communiquer.

Le fecond, qu'il ne doit rien au Suppliant.

Le troifiéme, qu'il eft au contraire fon creancier de plus d'un million.

Par rapport au premier fait qui regarde la demande en reftitution des Titres, le fieur de
Goesbriand fils, prétend qu'il ne peut être tenu de reftituer au fieur fon pere, ceux qui
eftoient au Château du Guermorvan: Voicy les moyens qu'il propofe à cet égard.

Il dit qu'après le decès de René de Goesbriand fils aîné du Suppliant, arrivé le 3 Juin
1685, le fcellé fut appofé fur les papiers, meubles & effets par luy délaiffez dans le Château du
Guermorvan; que les Titres qui eftoient fous le fcellé concernent la proprieté des immeu-
bles de la fucceffion beneficiaire de la feuë Dame de Goesbriand fa mere, dont il eft heri-
ter principal & noble, & qu'en cette qualité ces Titres luy appartiennent.

Il ajoûte que le 9 Février 1686, intervint Sentence contradictoire au Siege de Guingamp,
par laquelle il fut ordonné qu'il feroit procedé au Certificat ou Inventaire des Actes, Titres,
& Enfeignements qui eftoient au Château du Guermorvan; qu'en execution de cette Sentence, le fcellé fut levé de deffus la porte des Archives ou Tréfor des papiers qui eftoient dans
ce Château, qu'il en fut fait un Inventaire ou récollement en prefence du Procureur Syndic
des Creanciers, après quoy ils furent remis dans les Archives, & les clefs mifes entre fes
mains, comme eftant le feul qui eût droit d'en eftre en poffeffion.

Pour juftifier ces faits, il produit fous la cotte A. de fon Inventaire, la Sentence du Siege
de Guingamp du 9 Février 1686, & l'Inventaire fait en confequence le 13 du même mois.

QUATRE RE'PONSES.

1°. Un fait important à remarquer: René de Goesbriand eft mort le 3 Juin 1685, & le
fcellé n'a efté appofé fur fes effets que le 2 Septembre fuivant; le Défendeur le declare luy-
même, fans cependant produire le Procès verbal d'appofition de fcellé; trois mois entiers
fe font donc écoulez entre le decès de René de Goesbriand & cette prétenduë appofition de
fcellé. Le Déffendeur étoit en Bretagne, & par confequent maiftre abfolu de détourner tous
les Titres & tous les papiers de fon pere: Titres & papiers dont il avoit befoin pour l'execution du deffein qu'il avoit dès lors formé de le dépoüiller dans la fuite de tous fes biens pour
fe les approprier; il faut donc écarter ce prétendu fcellé. Il a efté appofé trop tard pour que
le Défendeur en puiffe tirer aucun avantage.

2°.

2°. Le Suppliant eſtoit garde & Tuteur naturel de tous ſes enfans ; il eſtoit de plus heritier mobilier de René de Goesbriand ſon fils aîné, il eſtoit par conſequent Partie intereſſée & neceſſaire dans l'Inventaire, il auroit dû y eſtre appellé ; il paroiſt même par l'Inventaire produit par le Deffendeur, que les Juges de Guingamp avoient reconnu que le Suppliant devoit y eſtre preſent, puiſqu'ils avoient ordonné par leur Sentence du 9 Fevrier 1686, que l'ouverture de la chambre de René de Goesbriand ne ſeroit faite qu'après avoir oüi, ou dûëment appellé le Suppliant. Le Deffendeur n'a pas jugé à propos de le faire, il auroit agi contre luy : Rien de plus ſuſpeƈt que ſa conduite. Il n'appelle point le Suppliant, parce que ſa preſence auroit empêché l'execution de ſes deſſeins : Il eſt cependant inoüi que l'on ait jamais fait un Inventaire ſans y appeller la Partie la plus intereſſée, ſur tout lorſque les Juges l'ont ordonné.

3°. Dans cet Inventaire auquel le Suppliant n'eſt point appellé, contre toutes les regles, le Deffendeur fait paroiſtre un Procureur Syndic des Creanciers oppoſans, ſans juſtifier de l'oppoſition d'aucun Creancier : Il fait requerir à ce Procureur l'ouverture d'un Pavillon que le Suppliant avoit fait bâtir à ſes dépens & dont il avoit les clefs, il n'eſtoit rempli que des effets du Suppliant ; jamais on n'y avoit appoſé le ſcellé, parce qu'on n'avoit pas droit de le faire, cependant malgré l'abſence du Suppliant, on fait requerir l'ouverture de ce Pavillon ; le Deffendeur qui auroit dû s'y oppoſer, y conſent ; il en avoit apparemment déja fait l'ouverture ; il en avoit retiré ce qui luy convenoit : mais rien ne luy coûte pour parvenir à ſon but : On ouvre ce Pavillon, on inventorie une partie de ce qui s'y trouve, quoique René de Goesbriand ne ſoit pas mort dans ce Château. Vit-on jamais une démarche plus contraire à la regle ? Le Deffendeur eſt donc obligé de reſtituer au Suppliant, tous les effets qui luy appartenoient & qu'il luy a enlevez de ce Pavillon ? La Plainte que le Suppliant en porte à la Cour, n'eſt qu'un renouvellement de celle qu'il en porta peu de temps après l'Inventaire dont on vient de parler aux Juges de Guingamp, & ſur laquelle intervint une Sentence interlocutoire le 12 Avril 1688, dont le Deffendeur interjetta appel au Parlement de Bretagne. Toutes les diſgraces qui ont depuis accablé le Suppliant, l'ont empêché de ſuivre cette demande.

4°. Le Deffendeur dit que tous les Titres & papiers portez en l'Inventaire du 15 Fevrier 1686, luy appartiennent, parce qu'ils ſont de la ſucceſſion immobiliaire de la feüe Dame de Goesbriand, dont René de Goesbriand eſtoit heritier principal & noble ; qualité à laquelle le Deffendeur a ſuccedé.

Mais : 1°. Le Deffendeur ne juſtifie point ce fait : Cet Inventaire n'eſt qu'un récollement fait ſur un Inventaire du 18 Juin 1652, trouvé dans les Archives, & que le Suppliant produit. Cet Inventaire ou ce récollement ne contient aucune deſcription particuliere, nul Titre caraƈteriſé, nul papier, nul Aƈte, dont on puiſſe reconnoiſtre la nature, & que l'on puiſſe qualifier. Comment peut-on diſtinguer ſi tout le contenu de cet Inventaire ne comprend que les Titres articulez par le Deffendeur ? Si la Cour veut jetter les yeux ſur cet Inventaire de 1652, elle y trouvera des Titres & des papiers qui n'appartiennent qu'au Suppliant, par la renonciation que ſes enfans ont faite à la communauté.

2°. On voit par ce récollement du 15 Fevrier 1686, que l'on a inventorié pluſieurs Livres de compte & de recette écrits en partie par le feu ſieur René de Goesbriand & par ſes Agens. Ces Livres contiennent les differentes natures de rentes qui luy appartenoient & tout ce qu'il a touché de ſes Vaſſaux & Fermiers ; le Suppliant eſt ſeul heritier mobilier de René de Goesbriant ſon fils aîné ; il doit eſtre inſtruit des forces de cette ſucceſſion mobiliaire ; c'eſt dans ces Livres qu'il doit chercher ce qui pouvoit eſtre dû à ſon fils au jour de ſon decès ; luy ſeul a droit & intereſt de s'en inſtruire. C'eſt donc à luy ſeul que ces Livres appartiennent : De quel droit le Deffendeur veut-il les retenir ? & peut-il ſe deffendre de les reſtituer à ſon pere ? Telles ſont encore les ventes ordinaires faites dans les Foreſts par René de Goesbriand depuis le decès de la Dame ſa mere : Ventes qui n'avoient pèut-être point eſté payées en entier à René de Goesbriand, & qui faiſoient par conſequent partie de ſa ſucceſſion mobiliaire, & dont les Aƈtes & les Titres ſont portez dans le récollement de 1686.

Il réſulte de ces quatre réponſes, que le Deffendeur a eſté maiſtre de s'emparer de tous les Titres qui appartenoient au Suppliant, & qui eſtoient au Château du Guermorvan ; on en conclud même quelque choſe de plus ; il s'en eſt ſaiſi, il n'a fait appoſer le ſcellé, il n'a fait Inventaire qu'après s'eſtre muni de tout ce qui pouvoit luy eſtre utile & même ſans y appeller le Suppliant, qui eſtoit une Partie neceſſaire ; ſes précautions n'ont point encore eſté portées aſſez loin ; cet Inventaire eſt rempli de Titres qui n'appartiennent qu'au Suppliant. C'eſt la reſtitution de ces mêmes Titres qu'on luy demande aujourd'huy, il ne peut éviter d'eſtre condamné de les rendre à ſon pere.

E

Le sieur de Goesbriand fils produit sous la cotte B. de son Inventaire, un Procès verbal des Juges Royaux de Morlaix du 27 Avril 1696, avec une copie d'un decret de prise de corps du 17 Fevrier 1699, rendu contre le Sr Charles-Jean de Goesbriant son frere puîné : Il employe ensuite l'Inventaire fait à Kerdolas le 29 Juin & jours suivans 1709, avec le Procès verbal du 15 Octobre 1711, produits par le Suppliant.

Pour répondre aux inductions que le sieur de Goesbriand fils prétend tirer de ces pieces, le Suppliant fera quelques observations sommaires.

1°. Le Suppliant dans sa Requeste du 28 May dernier, a soutenu que les Titres qui ont esté trouvez à Kerdolas, ne composoient que la moindre partie de ceux qu'il avoit au Château de la Noeverte; qu'ayant donné des ordres au sieur Comte de Goesbriand son fils puîné de les mettre en lieu de sûreté, ce fils avoit fait mettre la plus grande partie de ces Titres & papiers, & même les plus considerables, dans une gabare ou barque pour les faire transporter par mer : Mais que le Deffendeur fit arrester cette barque, & fit mettre tous ces papiers dans le Château du Thoro. Le Deffendeur est obligé de convenir de ces faits, mais il tâche d'en déguiser les circonstances. En effet, il n'est point vray, quoique le Deffendeur le pose en fait, que cette barque vint échoüer au pied du Château du Thoro : Il est constant au contraire, que l'on pointa le canon sur cette barque par les ordres du Deffendeur, que l'on paroissoit résolu de la couler à fond, si ceux qui la conduisoient, ne l'avoient abandonnée pour sauver eux-mêmes leur propre vie, dans une chalouppe qui estoit attachée à cette barque : Un fait aussi certain, est que tous les Titres & papiers qui estoient dans cette barque ont esté transportez dans le Château du Thoro, dont le Deffendeur estoit Gouverneur, il en demeure d'accord luy-même; la demande en restitution de ces Titres est donc bien fondée.

Les procedures criminelles que le Deffendeur a faites au sujet de ce prétendu enlevement contre tous ceux qui conduisoient la barque, & le decret de prise de corps qu'il a obtenu contre son propre frere ne luy font point honneur, il auroit dû passer tous ces faits sous silence; le sieur Comte de Goesbriand n'avoit fait qu'executer les ordres de son pere. Dans le temps même que le Deffendeur faisoit decreter son frere en Bretagne, ce même frere estoit à la Cour, il y sollicitoit la liberté de son pere, muni de la Procuration de son frere cadet & de ses trois sœurs : Il avoit déja obtenu du feu Roy, que le Suppliant seroit élargi du cachot, dans lequel il estoit enfermé au Château de Caën, les fers aux pieds & aux mains. Le feu Roy avoit même déja nommé Monsieur le Comte de Ponchartrain, Conseiller d'Etat, pour examiner la Requeste presentée par les enfans du Suppliant, pour obtenir sa liberté : C'est dans ces circonstances que le Deffendeur fait decretter le Sr Comte de Goesbriand; il l'oblige de quitter la Cour, & de suspendre la liberté de son pere, pour venir se justifier en Bretagne, d'une fausse accusation que le Deffendeur intentoit contre luy; le sieur Comte de Goesbriand produisit les ordres qu'il avoit reçûs du Suppliant, de mettre ses Titres & ses papiers à couvert; & toute la honte de cette procedure extraordinaire retomba sur le Deffendeur.

2°. C'est en vain que le Deffendeur prétend se mettre à couvert de la restitution des Titres qui estoient dans cette barque, & qu'il a fait mettre dans le Château du Thoro, à la faveur d'un Procés verbal fait par les Juges de Morlaix le 27 Avril 1696; l'examen de ce Procés verbal suffira pour faire voir qu'il n'en peut tirer aucun avantage. Il ne faut que rapporter la maniere dont il est conçû, pour persuader la Cour que le Deffendeur s'est emparé de tous les Titres qu'il a voulu. En effet, les Juges de Morlaix disent, qu'ils se sont transportez au Château du Thoro à la Requeste du Deffendeur, pour lever les scellez apposez sur les coffres où sont les papiers, Titres, & Actes, que l'on dit concerner les Terres appartenantes au Deffendeur, & par luy retirées par prémesse & pour faire le triage des pieces requis par le Deffendeur.

Voicy de quelle maniere ils y ont procedé. *Ayant fait ouvrir une Cassette dans laquelle ne s'est trouvé de Titres requis par ledit Seigneur Marquis de Goesbriand, y avons fait remettre les Papiers.* Ensuite les mêmes Juges disent avoir fait ouverture d'un autre Cassette, laquelle s'est trouvée remplie d'Actes & Titres concernants la Terre de Goesbriant & Coatcoiser, *desquelles Cassettes & Papiers ledit sieur Marquis s'est saisi.* Tous les autres articles sont concus dans les mêmes termes que les deux que l'on vient de rapporter. On n'a fait aucune description de ces Titres & papiers, on ne les a pas même paraphé, la Cour voit si jamais il y eut conduite plus irreguliere. Le Subtitut de Mr le Procureur General en la Jurisdiction de Morlaix sentit toute l'irregularité de ce Procès verbal, en consentant que le sieur Marquis de Goesbriant fut saisi des Titres qui concernoient le Retrait par luy prétendu fait des Terres de Coatcoiser, Goesbriant, Coatsant & autres il ne put s'empêcher de requerir qu'au préalable il seroit fait par le Greffier un bref inventaire de ces Titres & papiers. Le sieur Deffendeur s'y opposa formellement, prétendant que les Titres

que l'on avoit retirés de ces coffres & caffettes le regardoient uniquement, & qu'ils n'in-
terreffoient perfonne que luy, & que par confequent il étoit inutile d'en faire inventaire.
Les Juges ont defferé à fon oppofition, il a efté faifi des Titres qu'il a prétendu concernet
les Terres qu'il avoit retirées fans qu'on en ait fait aucun état ny defcription. A l'égard des
autres papiers, il eft dit par ce même procès verbal qu'ils ont efté remis dans les coffres fut
lefquels on a remis le cachet, & qui ont efté depofés dans la Chapelle du Château du Thoro
où ils étoient auparavant.   Deux confequences refultent neceffairement de ce Procès
verbal.

1°. Son irregularité prouve évidemment que le Deffendeur a efté maître de retirer tous les
Titres & papiers qu'il a jugé à propos.   On n'a fait aucun état, aucun inventaire ; on n'a
point appellé le Suppliant à ce Procès verbal ny perfonne pour luy.   Il s'eft fait fans la parti-
cipation de fes autres enfans, qui y étoient tous Parties très-intereffeés ; impoffible par confequent de fçavoir précifément quelles font les Pieces dont le Deffendeur s'eft faifi, en un
mot, tous ces papiers appartenoient au Suppliant.   Ce Procés verbal tout irregulier qu'il
eft montre que le Deffendeur en a efté faifi.   Il doit donc être condamné de le reftituer au
Suppliant.

2°. Ce même Procès verbal porte que les Titres & papiers que le Deffendeur n'a pas crû luy
être neceffaires ont efté remis dans les coffres, & que ces mêmes coffres ont efté fcellés &
dépofés dans la Chapelle du Château du Thoro.   Que le Deffendeur reftitüe aujourd'huy,
ces mêmes coffres fcellés du fceau de la Juftice, on les ouvrira, on fera la defcription des
papiers qui y font renfermez, & peut-être pourra-t'on trouver par ces mêmes papiers quelque éclairciffement, pour connoître le nombre & la nature de ceux dont il s'eft emparé :
par quelle voye peut-il éluder cette reftitution ? De fon propre aveu, ces coffres font entre
fes mains, ils font dans la Chapelle du Château dont il eft Gouverneur.

A l'égard des papiers qui fe font trouvés à Kerdolas appartenants au Suppliant, & qui ont
été inventoriés le 23 Juin & jours fuivans 1709. & dont le Deffendeur a efté faifi par le Procès verbal du 18 Octobre 1711.   La lecture feule de cet Inventaire & de ce Procès verbal
détruit toutes les inductions que le Deffendeur prétend en tirer ; car enfin, il ne s'agit point
icy des titres qui régardent la proptieté des Terres & biens du Deffendeur. Le Suppliant ne
demande la reftitution que des Titres qui luy font perfonnels.   Si la Cour veut prendre la
lecture de l'Inventaire fait à Kerdolas, elle trouvera qu'il y a plus de 3000 pieces appatte-
nantes au Suppliant dont le Deffendeur a efté faifi par le procès verbal.   C'eft de ces pieces dont on demande la reftitution. Le Deffendeur ne doit pas efperer de pouvoir s'en difpenfer, fous pretexte qu'il s'eft obligé de les réprefenter & communiquer toutes les fois
qu'il en feroit requis à la dame Comteffe de Goesbriand, & à la demoifelle Françoife-Gabrielle
de Goesbriand ; le Suppliant étoit pour lors dans les Prifons, & dans les fers, on a bien
voulu confentir que ces pieces fuffent remifes au fils, en attendant que le pere eut obtenu fa
liberté. Les dame & demoifeille de Goesbriant avoient intereft par rapport à leur pere de
connoiftre quels étoient ces titres, & d'empêcher que dans la fuite on ne les pût fouftraire ;
c'eft pour cela qu'elles ont demandé que le Deffendeur fut tenu de les communiquer. Aujour-
d'huy, que le Suppliant eft en état d'agir ; il redemande fes Titres, perfonne ne luy en con-
tefte la proprieté. Le Deffendeur en eft faifi, il doit donc les reftituer au Suppliant, & c'eft
une illufion que d'offrir de les communiquer fur le récepiffé de fon Procureur.   Il ne s'agit
pas de communiquer, on doit reftituer des Titres à celuy qui en eft inconteftablement le
veritable proprietaire.

Inutile au Deffendeur de demander un délay pour la reftitution de ces Pieces. Le Suppliant
a formé cette demande le 17 Mars dernier, le Deffendeur a dû fentir dés ce premier inf-
tant que la Cour le condamneroit à cette reftitution. C'étoit à luy de prendre fes mefures
plûtôt.   Trois mois font plus que fuffifants pour raffembler tous ces papiers & fe preparer à
une reftitution inévitable : ce delay que le Deffendeur demande eft donc encore abfolument illufoire, & le Suppliant efpere que la Cour ne luy en accordera point.

Le Deffendeur fous la cotte C. employe le Procès verbal du Commiffaire de Lefne du
20 Avril & jours fuivans 1695. produit par le Suppliant : on ne voit pas quel fruit il peut
tirer de ce Procès verbal : Il prouve feulement qu'il a efté faifi des papiers qui fe font trouvés dans la Maifon qu'occupoit le Suppliant ruë de Vaugirard ; c'eft donc avec juftice que
l'on luy en demande la reftitution. Le Deffendeur luy-même eft forcé d'en convenir, puis
qu'il offre aujourd'huy de les rendre ; mais il demande en même temps qu'il en foit fait
des copies collationnées. Le Suppliant a répondu à cette condition, que le Deffendeur
veut impofer à fes offres. Pour ne point faire de repetition, il employe icy ce qu'il a dit à
ce fujet dans fa Requefte du 28 May dernier.

Par rapport à l'hiſtoire que fait le Deffendeur qu'il étoit à l'Armée lors de l'appoſition du ſcellé, que ce n'eſt qu'à la priere & en la preſence de Maiſtre Hallé qu'il s'eſt chargé de ces Pieces ; le Suppliant ſe contentera de remarquer que ces faits ne ſont ſoûtenus d'aucune preuve & abſolument étrangers à la queſtion preſente.

La Cour voit que les Pieces que le Deffendeur a produites contre le premier Chef de demande du Suppliant n'y peuvent donner aucune atteinte. Malgré toutes ces pieces & les inductions que le Deffendeur prétend en tirer, les moyens du Suppliant reſtent dans toute leur force, ſon fils eſt ſaiſi des tous ſes Titres & de tous ſes Papiers, il eſt en poſſeſſion non ſeulement de tous ceux qui étoient à Kerdolas & à Paris, mais on vient de demontrer qu'il a encore entre ſes mains ceux qui étoient au Guermorvand, à la Noeverte & au Château du Thoro ; on en a apporté des preuvres ſi ſolides qu'il eſt abſolumentimpoſſible que le Deffendeur puiſſe les alterer. Le Suppliant eſpere obtenir de la religion de la Cour une reſtitution qu'il auroit ſouhaité que ſon fils luy eut déja faite, & par devoir, & par un eſprit de juſtice & d'équité.

Après avoir envain attaqué le premier Chef de demande du Suppliant, le Deffendeur paſſe à ſon ſecond fait : il ſoûtient qu'il ne doit rien & n'a jamais rien dû au ſieur de Goesbriand ſon pere. Quoy que le Suppliant par ſa Requête du 10 May dernier employée pour écritures & productions ait déja ſolidement établi les creances qu'il eſt en droit d'exercer contre le Deffendeur ſon fils, il eſt forcé de faire icy quelques obſervations qui ſerviront de contredits ; ces obſervations ſeront d'autant plus ſommaires qu'il ne s'agit point icy de juger le fonds de ces créances, elle ſont l'objet de l'appointement en droit & joint du 22 Juin 1693.

Le Deffendeur dit qu'il étoit Executeur du Teſtament de René de Goesbriand ſon frere, que les deniers deſtinés à l'execution de ce Teſtament avoient eſté remis entre les mains du Pere Gardien des Capucins de Morlaix, qu'il a appris ce fait par une lettre de ce Pere Gardien ; que ces deniers ont eſté délivrés aux Légataires en preſence de pluſieurs perſonnes, qu'il en fût dreſſé un Acte le 25 Juillet 1685. qu'après l'execution du Teſtament, il ne reſta qu'une ſomme de 600 livres, qui a eſté touchée par le Suppliant comme heritier mobilier de ſon fils : Pour juſtifier de ces faits le Deffendeur produit le prétendu Teſtament de René de Goesbriand du 31 May 1685. & l'Acte du 5 Juillet de la même année qu'il dit être enſuite.

Par la communication que le Suppliant a priſe de la Production du Deffendeur, il a trouvé qu'il ne produit point l'original du Teſtament de René de Goesbriand ; il produit ſeulement une copie de l'Acte du 5 Juillet 1685. paſſé dans la chambre du Pere Gardien des Capicins de Morlaix. Cet Acte eſt proprement un Procès verval de la réprefentation de ce prétendu Teſtament dont on rapporte la teneur, il contient quelques legs ſans nommer de Légataire univerſel, ny d'Executeur Teſtamentaire ; ſi le Deffendeur a executé ce prétendu Teſtament de ſon frere, c'eſt de ſon propre mouvement, il ne rapporte aucune preuve que ſon frere l'en ait prié.

Ce même Procès verbal porte qu'on a repreſenté un Memoire non ſigné, qui renferme auſſi d'autres diſpoſitions, & l'on dit que les ſommes contenuës dans le Memoire & le Teſtament montent à 5554 livres 10 ſols laquelle a eſté priſe par le ſieur Deffendeur pour l'execution de prétendu Teſtament ſur celle de 6185 livres 3 ſols, qui étoit dans le ſac que l'on a repreſenté & qu'il n'eſt reſté que la ſomme de 600 livres entre les mains du ſieur de Villeguien.

Le Deffendeur n'avoint aucun droit d'acquiter les Legs portés dans ce prétendu Teſtament, il n'en étoit point l'Executeur, la lettre qu'il prétend luy avoir eſté écrite par le Pere Gardien des Capucins de Morlaix, la communication qu'il dit en avoir fait au S'. ſon pere, pour ſçavoir ſes intentions, ſont des faits qui ne ſont ſoûtenus d'aucune preuve, & qui ſont même contre la verité ; le Deffendeur étoit-il en droit de délivrer des deniers ſur un Memoire non ſigné.

René de Goesbriant n'étoit pas même en état de diſpoſer de ſes effets mobiliers en faveur du Deffendeur ſon heritier immobilier au préjudice du Suppliant heritier de ſes meubles ; il l'avoit luy-même reconnu par ce prétendu Teſtament, puiſqu'il n'avoit laiſſé ſa Vaiſſelle d'Argent au Deffendeur que ſous le bon plaiſir du Suppliant. D'où provenoient ces deniers que l'on dit avoir eſté diſtribuez à ces prétendus Légataires, ſans en avoir tiré quittances ? Ils étoient de la Succeſſion mobiliere de René de Geosbriant : Il n'en eſt fait mention dans aucuns des Inventaires faits après ſon decés ; il eſt donc conſtant dans le fait, du propre aveu même du Deffendeur, qu'il a employé une ſomme de 5554 livres 10 ſols : employ qui n'eſt point autoriſé par la loy, qu'on ne peut par conſequent paſſer ny aloüer au

Deffendeur

Deffendeur : qu'il rende donc cette fomme & la vaiffelle d'argent du deffunt au Suppliant à qui elles appartiennent comme heritier mobilier de fon fils.

Il y a plus, on n'a jamais remis au Suppliant cette fomme de 600 livres que l'on dit
qu'il a touché aprés l'execution de ce prétendu Teftament : Le Deffendeur n'en rapporte
aucune quittance du fieur fon pere. La Cour jugera-t-elle fur des faits faux & hazardés
fans fondement, elle condamnera le Deffendeur de rendre au Suppliant cette fucceffion
mobiliere dont il prouve luy-même qu'il s'eft emparé fans aucun droit ?

Il feroit prefque inutile de répondre aux inductions que le Deffendeur prétend tirer de
l'Invententaire du 3 Juillet 1686. & du fait qu'il avance, qu'il y a plus de 30 ans que la
demande que le fieur fon pere avoit formée contre luy en la Jurifdiction de Guimgamp eft
appointée, par une Sentence de ces mêmes Juges fans avoir efté fuivie.

Il n'eft pas étonnant que cet Inventaire de 1686. ne contienne pas des effets confiderables, il y avoit 13 mois que René de Goesbraint étoit mort lors que cet Inventaire a efté fait.

Le Défendeur avoit eu le temps de s'emparer des meilleurs effets. De plus, le Suppliant
n'a point efté appellé à cet Inventaire. Qu'on examine cet Inventaire, on y trouvera que
le Défendeur a déclaré lui-même, qu'à l'exception du peu de meubles qu'il a fait invento-
rier, comme appartenans au feu Sr René de Goefbriand, le furplus des meubles appartenoit
au Suppliant, comme dépendants de la communauté d'entre lui & la Dame fon Epoufe, à
laquelle les enfans du Suppliant avoient renoncé ; meubles qui n'ont point efté inventoriez,
& dont le Défendeur eft encore actuellement en poffeffion. Il joüit auffi de tous les meubles qui eftoient au Château du Thoro ; il s'en eft emparé lorfqu'il a pris poffeffion de ce
Gouvernement : Il s'eft auffi emparé de tous ceux qui eftoient dans le Château de la Noeverte, & de ceux qui eftoient dans la Gabare, dont on a parlé cy-deffus, & que le Défendeur fit arrêter lorfqu'elle paffoit fous le Château du Thoro. Jamais on n'a fait Inventaire de
ces meubles ; cependant ils montent à des fommes confiderables, & le Défendeur en joüit
depuis la détention du fieur fon Pere. La Cour le laiffera-t-elle dans cette poffeffion tran-
quille, & ne l'obligera-t-elle pas de faire raifon de ces meubles au Suppliant ?

Le Défendeur ne juftifie point de la faifie qu'il prétend avoir efté faite des meubles de
René de Goefbriand par fes Créanciers. Il dit au contraire, que ces meubles font actuellement à fa charge. Il eft donc obligé de les remettre au Suppliant.

A l'égard de l'Inftance pendante devant les Juges de Guingamp, il y auroit long-temps
qu'elle feroit jugée, fi le Suppliant n'avoit pas efté forcé de paffer près de vingt-deux années dans differentes Prifons pour obéïr aux ordres du feu Roy, & fatisfaire à la haine
& à la cruauté de ceux qui avoient réfolu de le perdre, & qui avoient furpris la religion de
Sa Majefté.

Pour contredits contre les Pieces produites par le Défendeur fous la cotte F. par rapport aux appointemens du Château du Thoro, le Suppliant ne répetera point les Moyens qu'il
a expliquez dans fa Requefte de production pour établir ce Chef de demande. Il a fait voir
que c'eft inutilement que le Défendeur prétend avoir payé près de 200000 livres au fieur
Comte de Rieux pour l'acquifition de ce Gouvernement. Le Suppliant a foûtenu, & foûtient encore, qu'il en a payé la plus grande partie, & que le Défendeur eft en poffeffion de
toutes fes Quittances & de tous fes Papiers : Il employe pour le juftifier l'Inventaire fait à
Kerdolas, qu'il a cy-devant produit ; & il ajoûte, fans cependant l'approuver, que par l'Arreft
d'Ordre du 17 Mars 1704. que le Défendeur produit, rendu dans le temps que le Suppliant eftoit dans les Prifons, il a efté débouté de fa demande en collocation pour la fomme de 87592 livres 15 fols 8 deniers prétendus dûs au fieur Marquis de Rieux, faute d'a-
voir rapporté les titres juftificatifs de cette créance. Ces titres de créances n'ont jamais efté
rapportez depuis cet Arreft. Si cette demande avoit efté férieufe, le Défendeur qui fe dit
aux droits du fieur Marquis de Rieux, n'auroit pas manqué de les faire rapporter depuis
quatorze années que cet Arreft eft rendu.

Mais il eft neceffaire de relever ici plufieurs Faits que le Défendeur a eu la temerité d'a-
vancer. Le Suppliant convient de l'Arreft du Parlement de Bretagne du 4 Avril 1693. que
fon Fils employe contre lui : Il eft vrai que cet Arreft l'a condamné par contumace à avoir
la tête tranchée ; mais il ne faut que lire cet Arreft pour en fentir toute l'injuftice : On y
condamne entr'autres le Suppliant comme auteur de la fauffeté d'un Contrôlle d'Exploit ;
fauffeté qui ne pouvoit jamais tomber que fur l'Huiffier, & non fur le Suppliant. Auffi avoit-
il déclaré qu'il ne prétendoit fe fervir de cet Exploit, & des autres Pieces produites au Procès, qu'aux rifques, périls & fortunes de ceux de qui il les tenoit. Les Parties qui ont obtenu cet Arreft ont fi bien reconnu qu'il eftoit injufte, qu'elles n'ont jamais ofé le faire
exécuter par Effigie. Ce Fait eft conftant & prouvé par les Pieces que les enfans du Sup-

F

pliant ont produites au Conseil depuis la mort du feu R o y pour obtenir sa liberté , & que
le Suppliant produira cy-après ; Pieces sur lesquelles ils ont obtenu son élargissement malgré toutes les oppositions que le Défendeur y formoit , & tous les obstacles qu'il tâchoit d'y
apporter. C'est donc contre la verité que le Défendeur ose se vanter d avoir procuré la liberté de son Pere : Il s'y est opposé dans tous les temps , & du vivant du feu R o y , & depuis sa mort. Ces Pieces le justifient. Il a toûjours esté dans ces differentes occasions la seule
Partie adverse de son Pere. Les autres enfans se jettoient aux pieds de Monsieur le R e-
g e n t & du Conseil pour tirer leur Pere de la captivité, dans laquelle il estoit depuis près
de vingt-deux ans. Le Défendeur , son fils aîné, faisoit seul tous ses efforts ouvertement ,
& comme Partie contraire , pour empêcher que Monsieur le R e g e n t & le Conseil ne ren-
dissent justice à son Pere , & ne cédassent aux instantes prieres de ses sœur & belle-sœur.
Voilà des faits certains & constans. Comment le Défendeur pourra-t-il les nier? Envain
le Défendeur avoit-il allegué dans tous les temps que cet Arrest du Parlement de Bretagne
avoit esté exécuté par Effigie , & que par une consequence necessaire son Pere estoit mort
civilement. Ses sœurs furent obligées d'obtenir sous le nom de leur Pere un Arrest au Parlement de Bretagne le 27 Avril 1716 qui permit au Suppliant de prendre un Certificat du
Greffe de la Cour de l'estat de la minutte de l'Arrest qui l'avoit condamné, même d'en
faire dresser un Procès verbal. En exécution de cet Arrest , Procès verbal du 2 Mars suivant de l'estat de la minutte de l'Arrest de contumace , qui justifie qu'il n'a pas esté executé par Effigie. On produira ces deux Pieces. Ces Faits une fois averez, le Conseil jugea
que le Suppliant n'estoit point mort civilement ; Jugement fondé sur des principes certains.
En effet, il est constant que l'Arrest de contumace n'emporte la mort civile, que lorsqu'il
a esté executé par Effigie. C'est la disposition précise dés Articles 28. & 29 du Titre 17 de
l'Ordonnance de 1670. On a rassemblé ces principes dans une Consultation que le Suppliant produira , & dont la Cour est tres-humblement suppliée de prendre la lecture. Le
Suppliant a donc toûjours esté, & est encore actuellement en possession de son état, malgré cet Arrest de contumace, dont le Défendeur s'estoit toûjours fait un Moyen contre lui.
C'est sur le fondement de cette possession d'état non interrompuë, c'est sur la justice & l'é-
quité de la demande du Suppliant, c'est sur les sollicitations & les instantes prieres de ses
Fille & Bruë, que le Suppliant a obtenu sa liberté , malgré les oppositions ouvertes du Défendeur : Qu'il cesse donc de se vanter d'avoir procuré la liberté de son Pere? On l'a déja
dit , & on le répete encore, il est le seul qui s'y soit opposé dans tous les temps.

Le Défendeur ajoûte à ces premiers Faits, qu'après cet Arrest de condamnation, le Suppliant fut obligé de se retirer dans cette Ville de Paris dans une petite maison proche la Bar-
riere , où loin d'avoir une meilleure conduite que par le passé, il eut le malheur de tomber
dans une affaire plus fâcheuse que la premiere : Que le Ministere public s'estant excité contre lui, il fut décreté de prise-de-corps ; & le feu R o y en ayant esté informé, voulut bien,
pour prévenir les suites fâcheuses de ces deux affaires , qu'il fût enfermé jusqu'à nouvel ordre : ce qui fut executé le 8 Avril 1695. Ce sont les propres termes du Défendeur.

En verité , présumera t-on jamais que c'est un Fils qui écrit ici contre son Pere? Un
langage si odieux ne révolte-t-il pas? Le Défendeur attaque l'honneur de son Pere ; il le
taxe de mauvaise conduite dans tous les temps de sa vie : Il auroit dû ensevelir sous un silence éternel ce Décret du 8 Avril 1695. Il en estoit le seul auteur ; c'estoit lui qui l'avoit
sollicité ; c'estoit lui seul qui avoit excité le Ministere public contre son Pere ; c'estoit lui
qui lui avoit suscité cette prétenduë malheureuse affaire. On en trouve la preuve dans une
Lettre du sieur Basset, Prêtre de saint Sulpice, écrite à la Fille du Suppliant ; Lettre qui
développe tout ce mystere d'iniquité du Fils contre le Pere. Le Suppliant la produira. Comment le Défendeur ose-t-il avancer que le Suppliant fût arrêté par ordre du R o y le 8 Avril
1695. datte qu'il affecte d'attribuer à ce prétendu Décret? Il auroit interêt que ce Fait fût
vrai ; & veritablement il n'est pas naturel de porter l'aveuglement jusqu'à faire décreter un
homme dix jours après qu'il a esté arrêté par Lettre de Cachet, & conduit au Château de
Vincennes. Voilà pourtant la procedure extraordinaire que le Défendeur a fait faire contre
son Pere dix jours après sa détention. Il le fait décreter le 6 Avril 1695. & le Suppliant avoit
esté arrêté dans la ruë de Vaugirard contre les Carmes Déchaussez , & conduit au Château
de Vincennes, le Dimanche des Rameaux 27 Mars précedent. On voit la preuve de ces Faits
dans le Procès verbal du Commissaire Delesne du 2 Avril 1695. cy-devant produit. Il est
sûr que ce Procès verbal n'a esté dressé qu'après que le Suppliant a esté arrêté. On la trouve
encore dans la datte du Décret du 6 Avril 1695 ; il est posterieur de dix jours entiers à la
Lettre de Cachet, en vertu de laquelle le Suppliant fut arrêté. Enfin , ces Faits sont encore
prouvez par un Certificat du sieur Comte de Bethune du 15 Juin de la presente année 1718.

Le fieur Comte de Bethune , au témoignage duquel on peut conftamment ajoûter foy , al-
loit aux Carmes Déchauffez lorfque le Suppliant fut arrêté par de la Pommeraye Exempt ; il
attefte que c'eftoit le jour des Rameaux 27 Mars 1695. Le Suppliant produira ces deux
Pieces ; & la Cour fera pleinement convaincuë que le Défendeur ne s'applique qu'à dégui-
fer la veriré , fi-tôt qu'elle eft contraire à fes propres interêts. Le Défendeur infinuë enfuite,
que le feu R o y a dépoüillé le Suppliant du Gouvernement du Château du Thoro, parce
que cet Arreft de Bretagne du 4 Avril 1693. le réputoit mort civilement. Il ajoûte , que
cent perfonnes avoient demandé ce Gouvernement ; qu'il ne l'avoit point follicité ; qu'il
eftoit pour lors en Piedmont ; qu'il l'avoit refufé lorfque le R o y voulut l'en gratifier ; &
que ce ne fut que par les ordres exprès & réiterez de Sa Majefté qu'il en prit poffeffion.

Si le Défendeur juftifioit tous ces Faits, on pourroit y ajoûter foy ; mais la datte de fes
Provifions détruit ce qu'il avance. L'Arreft de condamnation eft du 4 Avril 1693. & les
Provifions du Défendeur font du 13 May fuivant. Vit-on jamais de follicitation plus vive, &
qui ait eu un effet plus prompt ? Le feul Défendeur a pû inftruire le feu R o y de cet Arreft
de condamnation ; c'eftoit une affaire particuliere du St fon Pere qui intereffoit peu le Public ;
le Fils feul avoit interêt de la divulguer pour furprendre le feu R o y, & en obtenir le Gouvernement de fon Pere ; il y a réüffi. Il n'eftoit donc point en Piedmont, comme il le fait entendre ; l'eftoit à la Cour pour folliciter ce Gouvernement ; & le feu R o y ne le lui a accordé,
que fous des conditions avantageufes au Supliant. Que le Défendeur produife fes Provifions
du 13 May 1693 ; qu'il datte fa preftation de ferment, (elle eft du même jour) il n'ofera pas
dénier ce Fait. On en tirera feurement deux confequences. La premiere, qu'il eft le feul qui
ait follicité le Gouvernement de fon Pere ; qu'il eftoit pour lors à la Cour,& non point en Piedmont , puifqu'il a prêté ferment entre les mains du R o y le même jour qu'il a obtenu fes
Provifions ; & que pour l'obtenir , il a fait entendre au feu R o y tout ce qu'il a voulu. La
feconde, que le feu R o y ne lui a accordé ce Gouvernement, que fous des conditions avantageufes au Suppliant ; & que le Défendeur n'a garde de communiquer à la Cour, ce feroit produire fa propre condamnation.

Les pieces produites par le Défendeur fous la cotte G , regardent la Charge d'Ecuyer du
feu Roy dont le Suppliant eftoit pourvû, & dont il a formé un de fes Chefs de demande ; le
Défendeur prétend en premier lieu que le Suppliant s'en eftant démis à fon profit , il en a
difpofé comme d'une chofe à luy appartenante.

On a déja répondu que cette prétenduë démiffion a efté faite dans le temps que le Suppliant eftoit dans les fers, la feule efperance d'obtenir fa liberté , l'y avoit engagé ; la pro-
meffe qu'on lui en avoit faite n'ayant point eu d'execution , il a revoqué dans la fuite cette
même démiffion : on en dira pas davantage à cet égard , & le Suppliant fe contente d'em-
ployer ce qu'il a dit dans fa Requefte de production, & les pieces qu'il a produites.

Le Défendeur foutient en fecond lieu , qu'il a efté obligé de rembourfer au fieur de Trefiguidy une fomme de 12000 livres de principal, avec les arrerages qu'il fait monter aujourd'huy à 45000 livres. Pour juftifier ce dernier fait , il produit un prétendu accommodement entre lui & le Baron de Trefiguidy , par lequel il dit qu'il luy a cedé ladite rente en
principal & arrerages.

La Cour eft fuppliée d'obferver en premier lieu , que cet Acte produit n'eft qu'une Copie fignée feulement du Défendeur , laquelle par confequent ne peut faire aucune foy en
Juftice.

2°. C'eft inutilement que le Défendeur prétend que le Suppliant ne fçauroit tirer aucun
avantage des Lettres qu'il a produites, elles marquent précifément que René de Goefbriand
fils aîné du Supliant, s'eft accommodé avec le St Baron de Trefiguidy, pour le principal de la
rente conftituée pour l'acquifition de cette Charge d'Ecuyer. Il eft donc conftant que fi il y
a eu quelque Traité fait entre le Défendeur & le fieur Baron de Trefiguidy après la mort
de René de Goefbriand, ce ne peut eftre qu'un Acte collufoire, & même la Cour voit que le
Défendeur n'a pas ofé le produire.

3°. Suppofant pour un moment qu'il n'y ait point eu de Tranfaction paffée entre le fieur
de Trefiguidy & René de Goefbriand, le Défendeur n'a eu aucun droit après le decès de
fon frere, de traiter de cette Charge & des droits qui appartenoient au Suppliant. Pour le
démontrer à la Cour , il eft neceffaire d'expliquer qu'elles eftoient les prétentions & les
droits que René de Goefbriand avoit à exercer contre le fieur Baron de Trefiguidy , par
rapport à la fucceffion de Xaintes-Vincente de Kerquefay, époufe dudit fieur de Trefiguidy
& tante de René de Goefbriand. Ils font détaillez dans une Lettre écrite au Suppliant par
René de Goefbriand anterieurement à celles ci-devant produites, qui marquoient que l'accommodement avoit efté fait. René de Goefbriand marque dans cette Lettre au Suppliant

qu'il avoit à prétendre contre le fieur de Trefiguidy, 1°. 8000 livres pour les alienations du bien de fa tante. 2°. La moitié des meubles meublans avec la vaiffelle d'argent. 3°. La moitié de la levée ou revenus des biens des Sieur & Dame de Trefiguidy pour l'année 1684, comme eftant tombée dans la Communauté. 4°. 2100 livres pour l'affaire de la Dame de Carnavalet.

Sans entrer dans un plus grand détail, la Cour voit que toutes ces prétentions de René de Goefbriand font pour des fommes mobilieres : fuppofant donc pour un moment qu'il n'en eut point traité de fon vivant avec le fieur de Trefiguidy ; il eft fans difficulté qu'après fon decès ces actions font tombées dans fa fucceffion mobiliere, qui, comme on a déja dit, appartient au Suppliant. De quel droit le Défendeur a-t-il donc traité avec le fieur de Trefiguidy ? Pouvoit-il tranfiger des droits qui n'appartenoient qu'à fon pere ? Il s'enfuit delà, fuppofant cette prétendue Tranfaction veritable, que le Défendeur a tranfigé de chofes qui ne luy appartenoient pas ; cette Tranfaction eft donc nulle felon tous les principes du Droit, & le Défendeur doit la retrancher de fes Titres.

Le dernier article de la Lettre dont on vient de parler ci-deffus, prouve que le Suppliant ne devoit plus rien au fieur Baron de Trefiguidy, pour les arrerages de la rente conftituée pour l'acquifition de cette Charge d'Ecuyer du feu Roy ; que c'eftoit au contraire le fieur Baron de Trefiguidy qui devoit au Suppliant fa part du doüaire dû à la Dame de Carnavalet, & fa part des rentes conftituées à ladite Dame de Carnavalet & aux Sieurs des Forges, Godet & des Landes ; doüaire & rentes dont le Suppliant avoit payé le tiers dû par les Sieur & Dame de Trefiguidy, le Suppliant produira cette Lettre. Le Défendeur n'a donc point payé, comme il le prétend, 45000 livres des arrerages de cette rente depuis la mort de René de Goefbriand, puifqu'il eft conftant qu'avant le decès de René de Goefbriand, il n'étoit dû aucuns arrerages de cette même rente.

Il n'eft pas difficile de détruire le moyen dont le Défendeur prétend fe fervir contre la demande du Suppliant, en reftitution des meubles qui eftoient dans les Châteaux de Bretagne & dans la maifon qu'il occupoit à Paris, lorfqu'il fut arrefté par l'ordre du Roy. Le Défendeur dit qu'il n'a rien fait que par le miniftere de la Juftice & en la prefence des Parties intereffées.

On a déja fatisfait ci-deffus à ce moyen, on a démontré que ces Châteaux de Bretagne eftoient remplis de meubles confiderables appartenans au Suppliant ; on l'a même démonftré par le propre aveu du Défendeur dans l'Inventaire fait au Guermorvand le 3 Juillet 1686. on a remarqué qu'il n'avoit appellé la Juftice que long-temps après le decès de René de Goefbriand, le Défendeur fe vante d'y avoir appellé les Parties intereffées ; le Suppliant & fes enfans eftoient avec le Défendeur les feules Parties intereffées & neceffaires à cet Inventaire ; le feul Défendeur s'y eft trouvé, il s'eft même oppofé à ce que les Juges ont requis pour l'intereft du Suppliant & de fes autres enfans. Après de pareilles démarches, peut-on dire que l'on a fait fon devoir, & que l'on a mis tout en regle ?

A l'égard des meubles qui eftoient dans la maifon de Paris, & que le Défendeur dit avoir efté executez fur le Supliant, on a déja dit que le Supliant a efté arrefté le 27 Mars 1695. cette prétendue execution de fes meubles eft du 26, & pour la fomme de 90 livres feulement : c'eft une execution mandiée & que le Défendeur avoit follicitée ; il eftoit pour lors à Paris, il n'eft point vrai qu'il étoit à l'armée. Si on ne craignoit pas d'abufer de la bonté de la Cour, on produiroit ici plufieurs Lettres qu'il écrivit dans ce même temps à fa fœur, & qui font toutes dattées de Paris. De plus, fi le prix de ces meubles a efté employé au payement des loyers, le Défendeur doit en produire les quittances : il eft dit dans le procès verbal du Commiffaire de Léfne du 2 Avril 1695. qu'il a déchargé l'Huiffier du prix de ces meubles. L'Huiffier luy a donc remis les quittances de l'emploi qu'il en avoit fait. Qu'il les reprefente, elles luy ferviront de décharge ? Tant qu'il ne les produira pas, il fera obligé de rapporter ces meubles au Supliant, ou le prix provenu de la vente qui en a efté faite.

Le Défendeur fous la cotte I. emploie le défaut de preuve des deux Chefs de demande du Supliant, concernans les rentes à luy düés dans l'étendüe de l'Evêché de Leon & de Cornoüaille. Il foutient que le Supliant devoit libeller fa demande, & articuler particulierement la dénomination des lieux & des debiteurs : qu'au furplus, il ne fçait ce que c'eft que ces prétendües rentes.

Il n'eft pas étonnant que le Demandeur n'ait pas fpecifié ces differentes rentes en particulier, il eft dans l'impoffibilité de le faire. Le Défendeur eft en poffeffion de tous les Titres qui regardent ces rentes, il n'y a qu'à lire l'Inventaire fait à Kerdolas pour en eftre perfuadé, c'eft inutilement que le Défendeur affecte de n'avoir aucune connoiffance de ces rentes ; il avoit déja tenu le même langage, mais il a efté forcé de convenir lors de la plaidoirie de la

Caufe,

Caufe, qu'il en joüiffoit & qu'elles fervoient à payer la penfion qu'il fait à fon pere. La demande que l'on a formé pour la reftitution des arrerages de ces rentes ne peut donc fouffrir
de difficulté; il les a reçûs depuis plus de 23 années, ces arrerages excedent de beaucoup ce te
prétenduë penfion de 1500 l. il doit les reftituer au Supliant.

Sous la cotte L. le Défendeur produit plufieurs pieces, par lefquelles il prétend juftifier
fon troifiéme fait, qu'il eft Créancier du Supliant de plus d'un million.

Il n'eft pas poffible d'entrer ici dans le détail de toutes ces prétenduës créances, avec
d'autant plus de raifon, qu'il n'eft pas queftion de les juger dans l'appointé à mettre, &
qu'elles font appointées en droit & joint à l'Inftance principale.

On peut dire même que le Défendeur a mis le Supliant hors d'état de fe défendre, puifqu'il l'a dépoüillé de tous fes Titres & de tous fes Papiers: cependant la Cour doit eftre per-
fuadée dès-à-prefent que ces créances font imaginaires.

Car 1°, le Supliant a déja détruit les prétenduës créances du Défendeur, pour les fommes qu'il dit avoir payées au fieur de la Juliannay, au fieur Comte de Rieux, & au fieur de
Trefiguidy, pour le Gouvernement du Château du Thoro & la Charge d'Ecuyer.

2°. La Sentence-d'Ordre du Prefidial de Rennes produite par le Défendeur, n'eft point renduë avec lui, elle ne le regarde point; le Supliant fçaura bien fe défendre contre fes Créanciers, lorfque fes Titres luy auront efté rendus: on fupplie feulement la Cour de remarquer deux faits importans par rapport à cette Sentence. Le premier eft qu'elle n'a efté fignifiée au Procureur du Supliant que le 16 Avril 1696, & il avoit efté arrefté dès le 27 Mars
1695. il protefte de fe pourvoir contre cette Sentence & d'en interjetter appel; elle eft in-
tervenuë après une adjudication de plufieurs Terres du Supliant pour la fomme de 64000
livres, & ces Terres rapportoient au moins 12000 livres de rente.

Le deuxiéme fait eft, que cette Sentence produite par le Défendeur eft une Copie fignifiée à Jean-Baptifte Ribaud, Procureur du Supliant, elle ne peut eftre entre les mains du
Défendeur qu'il ne l'ait retirée de ce Procureur: Preuve évidente que le Défendeur s'eft
emparé des Titres & des Pieces appartenantes à fon pere.

3°. L'Arreft-d'Ordre du 18 Juillet 1704. n'a jamais efté fignifié au Supliant, il eftoit dans
les prifons par l'ordre du feu Roy, lorfque cet Arreft eft intervenu, il n'a efté ni entendu ni
défendu; en un mot, il foutient qu'il a payé la plûpart de ces Créanciers qui fe font faits colloquer, il le juftifiera lorfqu'on luy aura reftitué fes Titres & fes Papiers.

4°. Quel eft le Titre du Défendeur contre le Supliant? Quel condamnation prétend-il
avoir obtenu contre luy? Une Sentence des Requeftes du Palais renduë par défaur, faute
de comparoître le 28 Octobre 1698. dans le temps que le Supliant eftoit dans la captivité.
Jufques à prefent même le Défendeur n'a pas ofé faire paroître cette Sentence, il n'en produit qu'une Copie fignée de fon Procureur, au bas de laquelle eft la Copie de la prétenduë
fignification qui en a efté faite. La Cour eft fuppliée de remarquer que cette Copie de fignification n'eft pas même fignée du Procureur du Défendeur, apparemment que l'Original ne
lui a jamais efté reprefenté, & qu'il auroit crû bleffer fon honneur & fa confcience, en fi-
gnant pour Copie une Piece dont il n'a point vû l'Original; mais quand cette Sentence auroit efté fignifiée de la maniere qu'il eft porté dans cette Copie informe & non fignée, cette
fignification feroit abfolument nulle par deux moyens invincibles tirez de l'Ordonnance. Le
premier eft, que cette fignification n'eft point faite au veritable domicile du Supliant; s'il
n'eut pas efté pour lors arrefté par les ordres du Roy, fon veritable domicile eftoit en Bretagne, le Défendeur ne pouvoit l'ignorer: Il n'ignoroit pas non plus dans quel Château fon
pere eftoit prifonnier; s'il avoit voulu lui donner connoiffance de cette Sentence, il luy
eftoit facile de la luy faire fignifier dans le Château où il eftoit détenu.

Le fecond Moyen de nullité, eft qu'il n'eft point dit à qui l'on a parlé en faifant cette
prétenduë fignification; le nom eft en blanc dans la copie même que le Défendeur produit.
Mais, comme on vient de l'obferver, on ne rapporte point cette fignification; ce n'eft qu'une
copie qui n'eft pas même fignée du Procureur: voilà cependant le feul Titre du Défendeur,
le feul en vertu duquel il a pû fe faire colloquer: Titre abfolument nul: Sentence par défaut faute de comparoir contre un pere qui eft dans les Prifons: Sentence que le fils n'a jamais fait fignifier à fon pere. Le Supliant protefte de fe pourvoir contre cette même Sentence, ou d'en interjetter appel quand elle luy aura efté fignifiée. Voilà donc toutes les
créances & toutes les collocations du Défendeur qui s'évanoüiffent, puifque le feul Titre
dont il pouvoit fe fervir pour les établir, ne peut fubfifter.

Pour contredits contre l'employ de la cotte M. le Supliant demeure d'accord que les fruits
du fuplément de partage dûs par la Maifon de Locmaria, & qui font tombez dans fa communauté, luy apartiennent, au moyen de la renonciation que le Défendeur & fes puînez ont

G

faite à cette même communauté. Il eſt encore vray que le Défendeur le 4 Juin 1693, a donné une Requeſte, par laquelle il a demandé que ces fruits luy fuſſent baillez & délivrez en déduction de ſes créances ſur le ſieur ſon pere, pour luy ôter tous les moyens de pouvoir ſubſiſter. Mais la Cour eſt ſupliée de ſe reſſouvenir de la procedure monſtrueuſe & irréguliere que le Défendeur a tenuë en cette occaſion. Mᵉ Hallé eſtoit pour lors Procureur du Supliant; cependant cette Requeſte donnée contre luy eſt ſignée de Mᶜ Hallé, comme Procureur du ſieur de Goeſbriand fils; elle n'a jamais eſté ſigniſiée qu'à Mᶜ Roullier Procureur de la Maiſon de Loemaria. Mᶜ Hallé eſtoit donc tout à la fois Procureur du Demandeur & du Défendeur. On examinera dans l'Inſtance appointée en droit & joint ces prétenduës créances, & il ne ſera pas difficile de les détruire.

Le Défendeur ajoûte dans le même endroit, qu'il ne peut eſperer d'être payé de ſes créances que ſur ce qui pourra être dû au Supliant par la Maiſon de Loemaria, comme ſi c'étoit le ſeul bien qui reſtât au Supliant. Ce fait n'eſt pas plus veritable que les autres, que le Défendeur a cy-devant avancés: car indépendamment de ce qui eſt dû au Supliant par la Maiſon de Loemaria, & de tous les biens que le Défendeur ſera infailliblement condamné de reſtituer à ſon pere, le Supliant a une créance conſiderable contre les Nominateurs de ſa tutelle, contre leſquels il a obtenu en 1682, une Sentence qu'il a cy-devant produite, qui luy adjuge 975000 liv. en principal & interêts; le Procès eſt actuellement pendant en la Quatriéme Chambre des Enqueſtes. Il y a un grand nombre de Pieces concernans ce Procès, qui ſont entre les mains des heritiers de Mᶜ Hallé; le Supliant a encore d'autres créances & des droits conſiderables à exercer contre les Curateurs de la feuë Dame Marquiſe de Carnavalet, contre les Débiteurs & les Heritiers des ſieurs Gobert, contre les repreſentans le ſieur Marquis de la Juliannaye, contre le ſieur du Meſné-Bois-Garin, au ſujet d'un don de rachat & de lods & ventes appartenants au Supliant. Toutes les Pieces qui regardent ces differentes créances, & autres dont on ne ſçauroit faire le détail, ſont encore entre les mains du Défendeur & des Heritiers de Mᶜ Hallé; c'eſt ce qui a donné lieu à la Demoiſelle de Goeſbriand qui depuis plus de neuf années eſt devenuë fille aînée du Supliant, de former oppoſition, à ce que ces Titres fuſſent délivrez au Défendeur qui vouloit s'en rendre Maître. Au reſte, ſi parmi tous ces Titres & Papiers, il y en a quelques-uns qui appartiennent perſonnellement au Défendeur, la Demoiſelle de Goeſbriand conſentira volontiers qu'ils luy ſoient remis, & ſon oppoſition ne ſubſiſtera que pour ceux qui appartiennent au Supliant ſon pere, aux interêts duquel elle a toûjours veillé avec zele & avec ſoin; mais pour cela, il faut faire un examen exact de tous ces Papiers, en preſence de toutes les Parties intereſſées, afin que l'on rende à chacune de ces Parties les Papiers & les Titres qui luy appartiennent. Il y a même déja long-temps que la Demoiſelle de Goeſbriand a fait cet offre au Défendeur, ſans qu'il ſe ſoit mis en devoir de l'accepter.

Il ne convient guere au Défendeur de ſe glorifier de la Penſion de 1500 liv. qu'il paye au ſieur ſon pere; on l'a déja dit; on le repete encore. Il a eſté forcé d'avoüer dans la plaidoirie de la cauſe, qu'il joüiſſoit des rentes de l'Evêché de Leon & de Cornoüailles appartenantes au ſieur ſon pere, & que c'eſtoit ſur les arrerages de ces rentes qu'il luy payoit cette prétenduë penſion de 1500 l. Eſt-ce là donner gratuitement une penſion? De plus, quelle proportion entre une prétenduë penſion de 1500 liv. & la qualité du Supliant. Le Défendeur joüit de plus de 15000 livres de rente, en partie parce qu'il a dépoüillé ſon pere de tout ce qui luy appartenoit. C'eſt cependant au Supliant que le Défendeur eſt redevable de toute ſa fortune; il n'y a point de ſecours qu'il ne luy ait procuré du vivant & depuis la mort de ſa mere? Quelle reconnoiſſance en a-il aujourd'huy?

Le Défendeur ſe plaint de la Requeſte que le Supliant a preſentée au Roy, après avoir obtenu ſa liberté. Le Supliant pouvoit-il ſe diſpenſer de regarder le Défendeur comme l'auteur de tous ſes maux! qui a porté juſques au feu Roy l'Arreſt de Bretagne du 4 Avril 1693. Le Public y eſtoit-il intereſſé? le ſeul Défendeur avoit interêt de le divulguer; il vouloit s'emparer des biens, des Titres, des Charges, & du Gouvernement de ſon pere. Le Supliant eſtoit-il aſſez coupable pour qu'on le mît au fond d'un Cachot, & qu'on le chargeât de fers. Le Roy, l'Etat, le Public avoient-ils quelques raiſons de le faire ſouffrir? Il n'eſt point de maux que le Supliant n'ait ſouffert pendant 22 années de détention; après la mort du feu Roy, il eſt queſtion de ſon élagiſſement; le Défendeur ſeul s'y oppoſe formellement & ouvertement, & devient ſeul la partie adverſe de ſon pere? N'eſt-ce pas démontrer qu'il eſt le ſeul auteur de ſa détention, & de tout ce qu'il a ſouffert pendant cette détention. Le Demandeur eſt enfin élargi; il ſe plaint avec juſtice de ſon fils, & ce fils le trouve mauvais. Il appelle un Libelle diffamatoire la deſcription des malheurs de ſon pere, parce que ſon pere les luy attribuë: il faut avoüer que la verité choque toûjours; mais après tout, le Supliant soûtient, que sans son fils, il n'auroit jamais esté prisonnier pendant 22 ans ; qu'il n'auroit jamais esté accablé de tous les maux qu'on luy a fait souffrir pendant sa détention, & qu'il n'auroit jamais esté dépoüillé de tous ses biens, de ses Titres, de ses Charges, & de son Gouvernement. Si le fils trouve que ces faits attaquent son honneur & sa réputation, qu'il se justifie. Son pere seroit charmé, si il pouvoit luy montrer un autre auteur de ses disgraces.

A l'égard de la donation que le Supliant a faite en 1716, à la Demoiselle sa fille, quoiqu'il ne s'en agisse point icy, il déclare qu'elle n'est point l'effet d'une haine conçûë contre son fils ; elle est une juste récompense de tous les services que la Demoiselle de Goesbriand a rendus à son pere dans tous les temps ; elle n'a rien épargné pour luy procurer sa liberté ; elle a fait pour cela nombres de voyages, qui ne se font jamais sans une grande dépense ; pour fournir à cette dépense, elle a beaucoup emprunté. Le Défendeur ne luy a donné pour partage que 118 l. de rente, chargez de reserves, qui les consomment & au-delà, quoique sa part dans la succession de sa mere doive monter à plus de 50000 l. Comment la Demoiselle de Goesbriand pourroit elle dans la suite acquitter les dettes qu'elle a contractées à l'occasion du sieur son pere, si il n'avoit pas eu soin de la mettre en estat de le faire. Il est absolument necessaire qu'elle réside à Paris pour y veiller perpetuellement aux interêts & à la conservation d'un pere accablé de ses malheurs & du poids de ses années ? Que deviendra-elle, si la Cour ne met pas son pere en estat de payer ses pensions. Il y a près de quatre années qu'elle subsiste dans une Communauté, qui attend avec patience le payement de ce qui luy est dû, parce qu'elle sçait que la Cour est juste, & qu'elle n'abandonne jamais ceux que l'on veut opprimer. Au reste, le Défendeur est trop riche pour envier cette donation à sa sœur ; l'objet n'en vaut pas la peine : & le Supliant déclare à la Cour, qu'il confirme cette disposition comme juste & équitable, quoiqu'elle ne soit qu'une legere récompense de tous les services que sa fille luy a toûjours rendus depuis ses malheurs.

Pour répondre au surplus de la production du Défendeur, le Supliant fera les observations suivantes, sans reprendre les moyens. Il observera, 1°. Que quand même les Titres dont le Défendeur est en possession regarderoient la proprieté des Terres qui ont esté adjugées par decret sur le Supliant, le Défendeur, même les autres Adjudicataires, ne seroient pas en droit de les retenir. Ils appartiennent au Supliant, & le Défendeur n'a aucun droit de les garder.

2°. Le Défendeur doit rendre au Supliant tous les Contracts de rentes constituées, & toutes les Obligations qu'il a à luy. Si ces Titres sont prescrits, c'est par la faute du Défendeur, il en sera responsable envers le Supliant ; quoy qu'il en soit, il doit les rendre.

3°. Il en est de même des Quittances des payemens que le Supliant a faits à ses Créanciers. Le Supliant soûtient que la plus grande partie de ces Quittances sont de ces mêmes Créanciers colloquez, & aux droits desquels le Défendeur prétend être ; c'est une illusion au Défendeur d'offrir de les communiquer, & de prétendre qu'il auroit, si il le vouloit, un droit certain pour les saisir, d'abord qu'il est constant qu'elles appartiennent au Supliant, le Défendeur est obligé de les luy reudre, telle créance qu'il puisse avoir à exercer sur son pere.

4°. Le Supliant demande une provision, non seulement en qualité de Créancier du Défendeur, non seulement comme heritier mobilier de René de Goesbriand & de ses autres enfants, il l'a demande encore à son fils en qualité de pere, dépoüillé de tous ses biens par ce même fils, & réduit dans la derniere misere : il y a conclud précisément par sa Requeste du 28 May dernier. Y eut-il jamais de qualité plus favorable ? Toutes les Loix, qui n'ont suivi en cela que l'équité naturelle, obligent les enfans de fournir des alimens à leur pere ; les Loix veulent encore que ses alimens soient proportionnez à la qualité & aux besoins de celuy qui les demande, & à la fortune de celuy qui les doit : Que le Défendeur ne dise donc point que le Supliant ne demande pas une provision en qualité de pere ; c'est une qualité qu'il n'est pas possible d'effacer, & qui suffit seule indépendamment des autres moyens du Supliant pour luy faire adjuger une provision proportionnée à ses besoins, à sa naissance, & à la fortune immense de son fils.

Le sieur Défendeur paroist si persuadé, que quand même la Cour dans un appointé à mettre ne voudroit pas entrer dans le détail de toutes les créances du Supliant, elle ne pourroit luy refuser une provision en qualité de pere ; qu'il dit qu'il a prévenu cette demande, en donnant gratuitement à son pere une pension de 1500 livres depuis près de 25 ans ; que son pere s'en est contenté ; que cela a fait un pacte, une convention, une loy qu'il n'est pas permis d'enfraindre ; que le ministere du Juge n'y a que faire, si ce n'est pour confirmer cette loy.

Un moyen de cette qualité ne meriteroit pas de réponse ? Où sont cette loy , cette convention ? Il est vray que pendant la détention du Supliant, qui a duré 22 années, le Roy a obligé le Défendeur de donner à son pere 1500 livres par an : Le Supliant dépoüillé de tous ses biens , de ses Charges , dont son fils est revêtu, a reçu cette pension ? cela peut-il s'appeller une loy, une convention ? le Supliant estoit-il en estat de se défendre ? pouvoit-il faire valoir ses droits contre le Défendeur , ce seroit abuser des bontez de la Cour d'en dire davantage.

5°. Le Défendeur ajoûte qu'il n'a jamais rien reçû du Supliant en avancement d'hoirié, ni autrement : que le peu de bien qu'il possede , & qui lui vient d'ailleurs , est chargé de dettes , & actuellement saisi pour le fait du Supliant ; qu'il a donné à son fils en le mariant à Mademoiselle de Châtillon, generalement tous les biens en fonds de Terre qui lui restoient des biens de sa mere, & qu'il ne joüit que des bienfaits du Roy , qu'il s'est , dit-il, reservé pour vivre.

Le Suppliant ne fera point icy à la Cour, l'énumeration de ce qu'il a fait pour le Deffendeur ; il ne peut cependant s'empêcher d'observer , que lorsque le Deffendeur n'estoit que le second de ses enfans, il luy a fait avoir en 1677, l'agrément du Roy, pour la survivance de sa Charge d'Ecuyer de la petite Ecurie ; qu'en 1684, il luy fit avoir par ses sollicitations le Régiment de Berry Infanterie, le Suppliant fit des dépenses considerables pour sa reception dans ce Régiment & pour ses équipages jusqu'au mois de Juin 1685, qu'il devint aîné de la famille par la mort de René de Goesbriand. Avant l'obtention de ce Régiment , le Deffendeur étoit Captaine dans le Régiment du Roy, Infanterie, le Suppliant l'y a toujours entretenu avec distinction , il avoit sept chevaux & cinq valets ; cela a coûté au Suppliant plus de 6000 livres par an ; le Deffendeur paroissoit dans le temps en avoir quelque reconnoissance , il ne tenoit pas alors le même langage qu'aujourd'huy. Par une Lettre qu'il a écrite au Suppliant le 4 Avril 1683, il reconnoist les grandes dépenses que le Suppliant venoit de faire pour luy & pour ses freres : Il a donc mauvaise grace de reprocher aujourd'huy au Suppliant, qu'il n'a rien reçû de luy ; il a reconnu luy-même le contraire dans cette Lettre que l'on produïra.

Au surplus, que le Deffendeur se concilie avec luy-même. Il dit que tous ses biens sont actuellement saisis pour le fait du Suppliant, & il n'y a qu'un instant qu'il vient d'avancer qu'il a payé toutes les dettes de son pere. En verité ces deux propositions sont contradictoires ; à laquelle des deux s'arrêter ? Si le Deffendeur a tout payé , ces saisies sont les, & on n'a pas eu droit de saisir ; s'il n'a pas payé les dettes de son pere, en vertu de quoy se prétend-il aux droits de ses creanciers ? Encore une fois, que le Deffendeur se concilie avec luy-même, sans cela, il ne meritera jamais la confiance de la Cour. D'ailleurs, de quel droit les creanciers du Suppliant ont-ils pû saisir les acquets du Deffendeur, qui n'estoit qu'heritier beneficiaire de la Dame sa mere ; & de quelle datte sont ces prétenduës saisies ? Si elles estoient veritables , le Deffendeur les auroit produites.

Le Deffendeur aprés avoir soutenu que le Suppliant avoit dissipé tous les biens de la succession de la feuë Dame de Goesbriand sa mere , fournit icy une preuve du contraire par le Contract de mariage de son fils avec la Demoiselle de Chastillon, il luy assûre 50000 livres de rente sur la succession de sa mere, & sur celle de la Dame de Tresiguidy sa tante, sœur cadete de la Dame sa mere ; il se reserve seulement de la succession de sa mere, les Forêts de Coatenhay & de Coatennos, avec la Terre & Seigneurie de Belle-Isle. Il n'est donc pas vray que le Suppliant ait dissipé tous les biens de la Dame son épouse.

A écouter le Deffendeur, il semble qu'il ait à peine de quoy vivre ; cependant voicy une partie des revenus dont il joüit, non compris les 50000 liv. de rente qu'il a donné à son fils.

La Terre de la Noeverte, Trequirin & dépendances, valent plus de	10000 liv. de rente.
La Terre de Goesbriand , Coatseauts & dépendances,	6000 liv. de rente.
Les Terres de Coatcoizer, Larmorique & Keremtouts,	3000 liv. de rente.
Les Domaines de Morlaix , Lenmeur & de Lannion	30000 liv. de rente.
La Terre de la Boixiere,	1500 liv. de rente.
L'Hostel de S. Gelais,	2000 liv. de rente.
Le Gouvernement du Château du Thoro,	10000 liv. de rente.
Les Gouvernemens de Verdun & de Toul,	22000 liv. de rente.
La Pension qu'il tient des bienfaits du feu Roy,	12000 liv. de rente.
Les Appointemens de Chevalier des Ordres du Roy,	3000 liv. de rente.

On ne parlera point icy de ses Appointemens en qualité de Lieutenant General des Armées du Roy, ny des produits & revenans-bon des Controlles des Actes des Notaires, du centiéme & my centiéme denier.

Des

Des Succeffions directes & collaterales de la Province de Bretagne.

C'eft contre ce fils qui joüit d'une fortune auffi éclatante, que le Suppliant demande une Provifion de 25000 livres; on a déja dit qu'elle n'eft pas même proportionnée ni à la qualité, ni aux befoins du Suppliant, ni à la haute fortune de fon fils; le Deffendeur eft en poffeffion de tous les Titres du Suppliant, il joüit de tous fes biens, de fes Charges, de fon Gouvernement, des meubles de la communauté à laquelle il a renoncé, des fucceffions mobiliaires des enfans du Supliant, dont il n'a rendu aucun compte: Toutes ces circonftances font trop favorables, pour que le Suppliant n'ait pas lieu d'efperer que la Cour, en ordonnant la reftitution de fes Titres, luy accordera la Provifion qu'il demande.

CE CONSIDERE', NOSSEIGNEURS, il vous plaife permettre au Suppliant de produire par production nouvelle, les pieces fuivantes aux inductions tirées par la prefente Requefte, plufieurs Mémoires & Pieces au nombre de quatorze, paraphées par premiere & derniere, par le Secretaire de Monfieur Ferrand, dont la troifiéme par employ, ayant efté cy-devant produite, eft le Procés verbal du 2 Avril 1695, fur lefquelles Pieces & Mémoires prefentées au Confeil, le Suppliant a obtenu fa liberté, lefdites Pieces cottées par A.

Copie de l'ordre du Roy, du 26 May 1716, qui accorde pleine & entiere liberté au Suppliant, avec tout pouvoir de vacquer à fes affaires dans toute l'étenduë du Royaume, cotté par B.

Confultation de plufieurs Avocats du Parlement, du 23 May dernier, cottée par C.

Certificat du fieur Comte de Bethune, du 15 Juin dernier, cotté par D.

Deux Lettres miffives du premier Janvier & du 13 Avril 1685, écrites au Suppliant par défunt René de Goesbriand fon fils aîné, par rapport à l'Affaire du fieur Baron de Trefiguidy, & aux meubles du Guermorvan, cottées par E.

Lettre miffive écrite par le Deffendeur au Suppliant, le 14 Avril 1683, par laquelle il reconnoift les grandes dépenfes que fon pere a faites pour luy, cottée par F.

Ce fait, donner Acte au Suppliant, de ce que pour Contredits contre la Production du Deffendeur, il employe le contenu en la prefente Requefte, luy adjuger les Conclufions par luy prifes dans l'Inftance d'appointé à mettre, avec dépens: Et vous ferez bien.

Et plus bas, figné Yves, Marquis de Goesbriand pere, & Dumefnil.

Et plus bas en jugeant, fignifié à Maiftre Geoffroy, Procureur le 6 Juillet 1716.

YVES, MARQUIS DE GOESBRIAND, Pere.

GEOFFROY.   DUMENIL.

De l'Imprimerie de la V. C. GUILLERY, au bout du Pont S. Michel, du côté de la ruë S. André des Arts.